DAS NEUE KÄSEKOCHBUCH

DAS NEUE
KÄSEKOCHBUCH

INHALT

Seite

Wissenswertes aus der
Welt des Käses 6

Suppen und Vorspeisen 26

Gemüsegerichte 40

Fleischgerichte 58

Aufläufe und Gratins....................... 78

Nudel- und Reisgerichte.................. 92

Salate.. 108

Toasts und Baguettes...................... 126

Kleine kalte Käsegerichte 136

Kleine warme Käsegerichte 150

Pikante Kuchen und Käsegebäck 164

Desserts... 178

Rezeptverzeichnis........................... 188

WISSENSWERTES AUS DER WELT DES KÄSES

Auf den folgenden Seiten erfahren Sie das Wichtigste über die Herstellung von Käse und den richtigen Umgang mit ihm. Die ausführliche Warenkunde stellt Ihnen die interessantesten der unzähligen Käsesorten vor.

DIE GESCHICHTE

Es ist nicht mehr nachzuvollziehen, seit wann sich der Mensch von Käse ernährt. Es ist aber anzunehmen, daß der Zufall bei der Entdeckung des Käses als wohlschmeckendes Nahrungsmittel etwas mitgeholfen hat. Vielleicht wollte eine sparsame Ur-Hausfrau die Reste der gegorenen Milch nicht wegschütten und begann, damit zu experimentieren. Wer weiß? Sicher ist aber, daß die Geschichte des Käses weit in die Frühzeit zurückreicht. Erste Aufzeichnungen darüber stammen aus Mesopotamien, dem Land zwischen Euphrat und Tigris, und sind gut 5000 Jahre alt. Eigentlich faszinierend, daß ein Land, welches heute vorwiegend aus Wüste besteht, einst eine ertragreiche Milchwirtschaft hatte. Auch die Trojaner wußten bereits, wie aus Labgerinnung und anschließendem Abtropfen in durchlöcherten Gefäßen aus Milch eine käseähnliche Masse wurde. Wahrscheinlich war dieses gesunde Produkt mit dafür verantwortlich, daß sie den Griechen während des bekannten Krieges so lange Widerstand leisten konnten. Nach und nach verfeinerten die Menschen durch Auspressen, Salzen und Trocknen ihre zwar bescheidene, aber sehr erfolgreiche Käseproduktion. So wurde dieses Milchkonzentrat zu einem Hauptbestandteil der menschlichen Ernährung, eine gute Nahrungsreserve und hochgeschätzt. Noch bis ins 19. Jahrhundert gehörte zur Aussteuer der Braut auch Käse. Seit frühester Zeit war man bereits rund ums Mittelmeer eifrig damit beschäftigt, die Käseherstellung zu perfektionieren. Ein Volk lernte vom anderen, sogar große römische und griechische Gelehrte mischten erfolgreich bei der Geschmacksveredelung mit. Auch die Kelten, die in Süddeutschland, der Schweiz, den Benelux-Ländern und dem heutigen Frankreich lebten, bauten geschickt eine Käseproduktion auf. Um das Jahr 1000 entstanden die ersten großen Städte. Der Handel begann zu florieren, besonders der Tauschhandel mit Naturalien. Seit dieser Zeit sind die großen Traditionskäse wie Parmesan, Gorgonzola, Roquefort, Taleggio, Appenzeller, Gouda, Edamer, Cheddar u.v.a. bekannt. Besonders in den Klöstern Frankreichs und Deutschlands wurde die Käseherstellung gepflegt und weiterentwickelt. In den Informationen über die Käsearten finden Sie eine ganze Reihe dieser klösterlichen Köstlichkeiten.

DIE HERSTELLUNG

Das Ausgangsprodukt für alle Käse ist die Milch. Vorwiegend Kuhmilch, hin und wieder kann es auch Schaf-, Ziegen- oder Büffelmilch sein. Je nachdem, ob die Milch roh bleibt oder erhitzt wird, spricht man von Rohmilchkäse oder von Käse aus pasteurisierter Milch. Rohmilchkäse sind etwas aromatischer im Geschmack als ihre Artgenossen aus wärmebehandelter Milch. Gourmets schätzen sie besonders und mittlerweile haben sie einen beachtlichen Marktanteil erobert. Die Herstellungsverfahren sind so unterschiedlich wie die Käsesorten. Nachstehend eine kurze Zusammenfassung der wichtigsten Schritte:
■ Die frische Milch wird in der Käserei kurz auf 75° Grad erhitzt (pasteurisiert) damit eventuelle Bakterien abgetötet werden.
Je nach Käseart wird der Milch Fett hinzugefügt oder entzogen.
■ Jetzt muß die Milch gesäuert werden damit sie gerinnt. Denn nur „dickgelegt", wie es im Fachjargon heißt, lassen sich die festen Stoffe (Eiweiß und Fett) von der flüssigen Molke trennen.
Dazu werden Milchsäurebakterien, Lab oder eine Mischung aus beiden genommen.
■ Das Kasein, ein Eiweiß der Milch, gerinnt. Es entsteht der Käsebruch. Je kleiner die Bruchkörper sind, desto fester wird der Käse.
■ Mit einem rotierenden Messer, der sogenannten Käsescharfe, wird die gallertartige Masse geschnitten.
■ Käsebruch und Molke werden durch Rühren, Kneten, Erhitzen und durch Ablaufen oder Auspressen der Molke getrennt.
■ Anschließend wird der Teig in die richtige Form gebracht.
■ Die Käselaibe werden mit Salz eingerieben oder kurz in eine Salzlake gelegt. Dadurch wird der Laib stabiler, die Rinde fester und das Produkt aromatischer.
■ Die abgetropften Käse reifen dann in stets gleichbleibend temperierten Kellern, Höhlen o. ä.
■ Während dieser Zeit sind fleißige Helfer wie Bakterien, Enzyme, Hefen und Edelschimmel daran beteiligt, aus einem Milchkonzentrat die unterschiedlichsten Käse entstehen zu lassen.

DIE BESTANDTEILE

Käse bestehen aus Eiweiß, Fett, Kohlenhydraten (Milchzucker), Vitaminen, Mineralstoffen und Wasser. Diese Bestandteile, mit Ausnahme des Wassers, bilden die Trockenmasse. Je höher die Trockenmasse eines Käses, desto härter ist der Käse. Frischkäse enthalten viel Wasser, deshalb haben sie einen niedrigen Anteil an Trockenmasse. Je länger ein Käse reift, desto mehr des in ihm enthaltenen Wassers verdunstet. Der Laib wird kleiner, aber der Trockenmasseanteil bleibt konstant. Deshalb schreibt das Gesetz vor, auf der Verpackung den Fettgehalt in „Prozent Fett in der Trockenmasse" (% Fett i. Tr.) anzugeben. Der absolute Fettgehalt des Käses beträgt wiederum nur etwa die Hälfte des in der Trockenmasse angegebenen Fettes. Die andere Hälfte der Trockenmasse besteht aus Eiweiß, Vitaminen und Mineralstoffen.

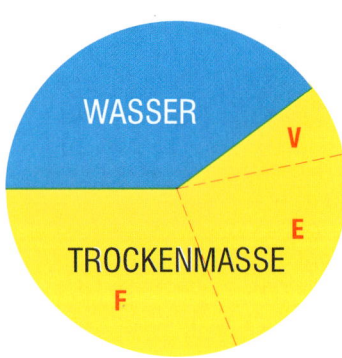

Zur Verdeutlichung der Abbildung:
100 g junger Gouda enthält 40 g Wasser und 60 g Trockenmasse. Die Trockenmasse setzt sich zusammen aus 30 g Fett (F), 25 g Eiweiß (E) und 5 g Vitaminen und Mineralstoffen (V).

Löcher im Käse
Löcher im Käse sind eine durchaus ernste Angelegenheit. Allerdings entstehen sie auf natürlichem Weg und nicht durch mechanische Nachhilfe wie Bohren, Schießen o. ä. Während der Reifung wandelt sich der Milchzucker in Milchsäure um. Dadurch wird Kohlendioxid freigesetzt. Das so entstandene

Die Einteilung der Käsesorten

Die Käsesorten werden in der deutschen Käseverordnung eingeteilt nach ihrem Gehalt an Trockenmasse:

Gruppe	Trockenmassegehalt
Sauermilchkäse	kein Mindestgehalt vorgeschrieben
Frischkäse	mindestens 18%
Weichkäse	mindestens 35%
Halbfeste Schnittkäse	mindestens 44%
Schnittkäse	mindestens 49%
Hartkäse	mindestens 60%

Die Fettstufen von Käse

Alle Käse lassen sich, je nach ihrem Gehalt an Fett, in unterschiedliche Stufen einteilen. Diese sind:

Magerstufe	weniger als 10% Fett i.Tr.
Viertelfettstufe	10% bis 19% Fett i.Tr.
Halbfettstufe	20% bis 29% Fett i.Tr.
Dreiviertelfettstufe	30% bis 39% Fett i.Tr.
Fettstufe	40% bis 44% Fett i.Tr.
Vollfettstufe	45% bis 49% Fett i.Tr.
Rahmstufe	50% bis 59% Fett i.Tr.
Doppelrahmstufe	60% bis 85% Fett i.Tr.

Gas kann nicht aus dem Teig entweichen und deshalb bilden sich die Löcher. Die Größe dieser „Gaslöcher" hängt auch von der Temperatur ab, unter der der Käse reift. Ist es wärmer, werden die Locher großer, ist die Temperatur niedriger, bleiben die Löcher kleiner.

Schimmel ist nicht gleich Schimmel

Als besonderer Geschmack in Blauschimmelkäse oder als weißer Außenschimmel auf Camembert oder Brie ist er erwünscht und nicht gesundheitsschädlich. Bei weiß-grünem oder blaugrünem Schimmel auf wasserreichen Käsesorten wie Frisch-, Weich- oder Schnittkäse ist Vorsicht geboten. Diese Kulturen sind wildgewachsen und können zu Vergiftungen führen. Da sie sich auch unsichtbar in das Käseinnere schleichen, sollte vorsichtshalber das ungenießbare Produkt weggeworfen werden. Hartkäsesorten können bei unerwünschter Schimmelbildung an der Rinde anders behandelt werden. Da diese Käse sehr fest sind und nur wenig Wasser enthalten, haben sie eine natürliche Sperre gegen fremde Eindringlinge. Wenn das befallene Teil großzügig abgeschnitten wird, ist der Käse unbedenklich zu verzehren.

A propos Rinde: Natürlich gereifte Käserinde ist im allgemeinen eßbar, aber nicht jedermanns Geschmack, da sie oft bitter und etwas nach Ammoniak schmeckt. Mit Paraffin oder Wachs behandelte Oberflächen sind ungenießbar. Käse ist ein rundherum gesundes Nahrungsmittel. Er enthält hochwertiges Eiweiß, leicht verdauliches Fett, zahlreiche, lebensnotwendige Mineralstoffe und Spurenelemente sowie wichtige Vitamine (z. B. Kalzium, Vitamine A und B2, um nur einige zu nennen).

EINKAUF UND LAGERUNG

Um in den vollen Käsegenuß zu kommen, sollten Sie ihn nach Möglichkeit immer am Stück kaufen. Er bleibt länger frisch und kann, je nach Bedarf, unterschiedlich portioniert werden. Der ideale Aufbewahrungsort für Käse ist ein kühler, luftiger, dunkler Keller. Da kaum jemand heute noch diese günstigen Voraussetzungen hat, ist der Kühlschrank eine gute Alternative. Das Gemüsefach ist der richtige Platz. Allerdings sollten milde Käse von solchen mit ausgeprägtem Aroma, getrennt aufbewahrt werden. Frisch- und Weichkäse sollten immer gekühlt gelagert werden, weil sie leicht verderben bzw. zu kräftig nachreifen. Noch nicht ganz durchgereifte Sauermilch- oder Weichkäse reifen an einem nicht zu warmen Ort (ca. 15° C) innerhalb von wenigen Tagen optimal nach. Käse nimmt leicht andere Gerüche an. Deshalb sollten Sie ihn unbedingt in beschichtetem Einwickelpapier, in Alu- oder Frischhaltefolie, in einer Plastikbox oder unter einer Käseglocke frischhalten. Sollte sich unter der Glocke Feuchtigkeit ansammeln, entweder eine aufgeschnittene Tomate zum Käse legen, oder zwischen Brett und Glocke ein Holzstäbchen stecken, damit die Luft besser zirkulieren kann. Auch die altbewährte Art, den Käse in ein essig- oder weingetränktes Tuch einzuschlagen und kühl zu stellen, ist empfehlenswert. Nur bei Zimmertemperatur entwickelt der Käse sein volles Aroma. Deshalb sollten Sie das gute Stück etwa eine Stunde vor Verzehr aus dem Kühlschrank nehmen.

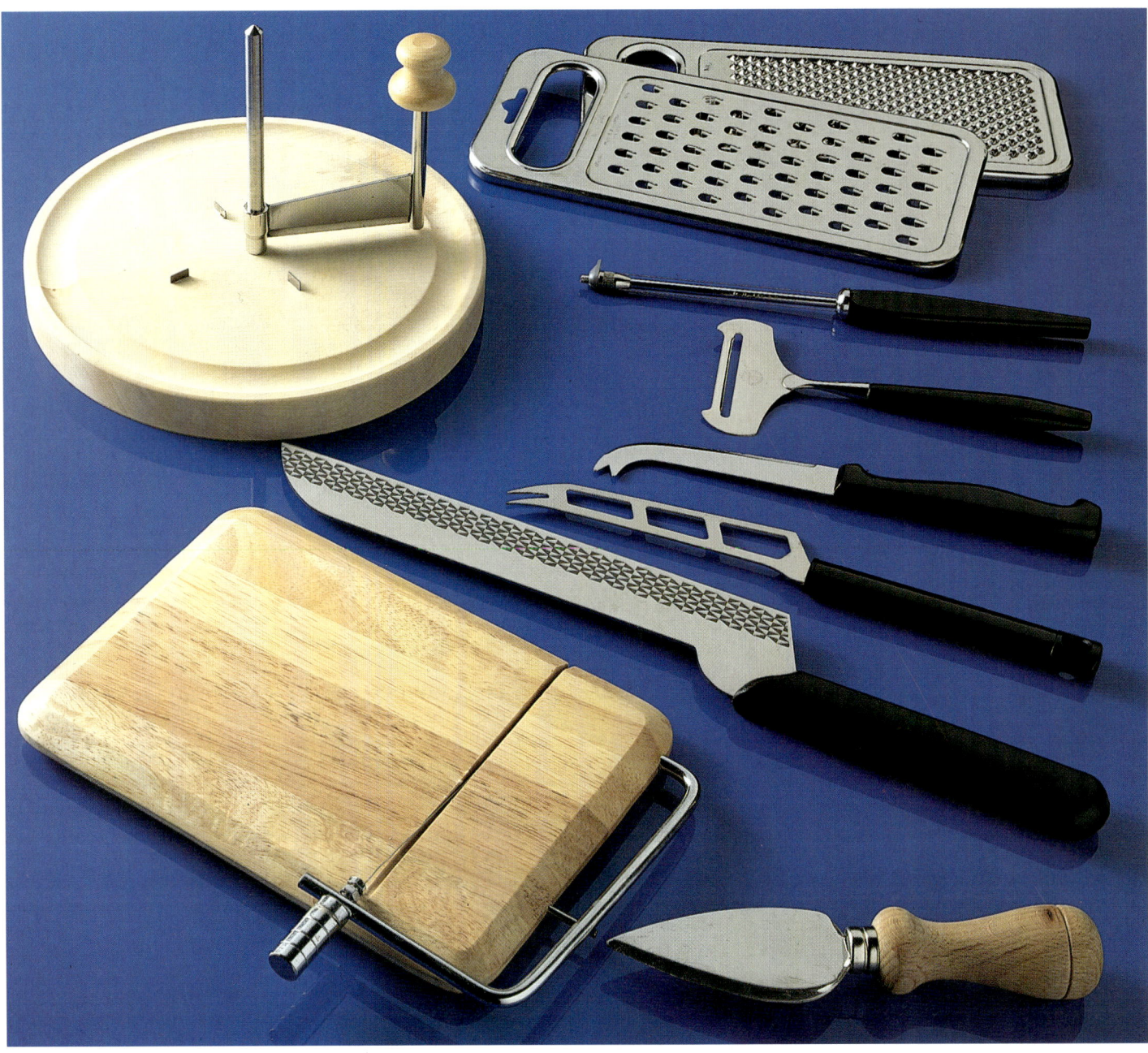

DIE GERÄTE

Natürlich kann man den Käse ganz einfach mit dem Messer in Stücke schneiden. Besser ist es jedoch, für die jeweiligen Zerkleinerungsarten ein passendes Gerät zu haben. Wir zeigen Ihnen hier einen kleinen Querschnitt der zur Zeit im Handel erhältlichen Utensilien zum Reiben, Raspeln, Schneiden, Brechen usw., erheben damit aber keinen Anspruch auf Vollständigkeit.

Haushaltsreibe:
Ideal zum Raspeln und Reiben von Schnittkäse für Aufläufe und Saucen.

Tête-de-Moine-Hobel:
Dieser Schweizer Käse wird nicht geschnitten, sondern geschabt. Dazu steckt man den Hobel in die Mitte des Käses und dreht den Griff wie bei einer Kaffeemühle.

Parmesanpickel:
Hartkäse wie Parmesan, Grana padano oder alter Gouda lassen sich durch Drehen des Pickels leicht in Stücke brechen.

Tischschneider:
Damit lassen sich am Tisch halbfeste Schnittkäse und Schnittkäse in Scheiben teilen.

Käsemesser mit versetztem Griff:
zum einfachen Zerteilen von Schnittkäse

Käsemesser mit durchbrochener Klinge:
Käsestücke lassen sich damit leicht in Würfel und Scheiben schneiden.

Käsemesser:
für Schnittkäse

Handhobel:
Man zieht ihn über das Schnittkäsestück und erhält eine gleichmäßig dünn geschnittene Käsescheibe.

Käseschneider:
funktioniert wie der Handhobel.

DIE PARTNER

Der Käse geht gern Partnerschaften ein. Entweder mit seinesgleichen auf einer schmackhaften Käseplatte, mit Gemüse, Obst, Salat, Fleisch, Nudeln oder Reis, wie in den Rezepten beschrieben oder mit einem anderen starken Freund, dem Wein. Für die Zusammenstellung einer Käseplatte gibt es eigentlich keine Richtlinien, nur gute Ratschläge. Erlaubt ist was schmeckt, allerdings sollten sich die Käse in Form, Farbe, Konsistenz und Geschmack voneinander unterscheiden. Ansonsten wird es leicht langweilig und die Geschmacksnerven schlafen ein! Käseplatten arrangiert man am besten auf Holzbrettern oder Marmorplatten. Der Käse sollte immer ausgepackt und am Stück präsentiert werden. Schnitt- oder Hartkäse in Scheiben trocknet innerhalb kurzer Zeit aus und ist dann unansehnlich. Die Käse auf der Platte können dicht nebeneinanderliegen, sollten sich aber nicht berühren. Wenn Sie den Geschmack Ihrer Gäste gut kennen, können Sie auch herzhafte Käse (Limburger, Munster,

Handkäs o. ä.) anbieten. Das Naturprodukt Käse fühlt sich in einer natürlichen, sparsamen Dekoration (Blätter, Kräuter, eßbare, nicht duftende Blumen, Obst) sehr wohl. Es ist Ermessenssache, wie viele Sorten auf eine Käseplatte gehören. Als Faustregel gilt: von jeder Käsegruppe (siehe Informationen Seite 12-25) ein bis zwei Vertreter. Ihren Gästen fällt die Wahl leichter, wenn Sie die Käse - im Geschmack intensiver werdend - im Uhrzeigersinn, auflegen.

Schlicht ausgedrückt, so kann eine Käseplatte aussehen:

Zum Auftakt ein frischer Kuh-, Schaf- oder Ziegenmilchkäse mit einer kleinen säuerlichen Note. Cheddar, Gouda (pikant) und Parmesan beruhigen die Geschmacksnerven und machen Lust auf pikant-kräftige Weichkäse wie Camembert, Caperon oder Banon. Ein fruchtiger Vacherin oder Pont l' Evêque steigert den Appetit auf den krönenden Abschluß - einen Blue Stilton oder ähnlich kräftigen Blauschimmelkäse.

Man kann die Käseplatte auch mit einem milden Butterkäse, Edamer oder Tilsiter abschließen. Käse und Wein sorgen immer wieder für neue, auch ausgefallene Geschmackserlebnisse. Bei der Vielzahl der angebotenen Käse- und Weinsorten ist die Frage: "Wer paßt zu wem?" gar nicht so leicht zu beantworten. Tatsache ist, daß Käse und Wein aus der gleichen Region immer gut zusammenpassen. Allerdings gibt es nur wenige Gegenden, wo man zum einheimischen Käse automatisch den passenden Wein serviert. Oder anders gesagt, man ist nur selten in der glücklichen Lage, gleichzeitig zwei „Schmankerln" aus der gleichen Region außerhalb derselben zu finden. Mit etwas Improvisation kommen Sie aber doch noch zu Ihrem Geschmackserlebnis. Hartkäse wie Parmesan, Pecorino oder Mimolette schwimmen am liebsten in Rotwein. Es kann ein Gewächs aus Italien, Australien, Kalifornien, auch ein Blauburgunder von der Ahr

oder vom Kaiserstuhl sein (Cabernet Sauvignon oder ital. Sangiovese-Traube), Blauschimmelkäse wie Gorgonzola, Roquefort, Stilton oder Fourme d' Ambert lieben ein Gläschen Portwein, einen kräftigen trockenen Rotwein oder einen Sherry Oloroso. Weichkäse wie Camembert oder Brie harmonieren wunderbar mit trockenen Weißweinen (Gutedel, Weiß- oder Grauburgunder) oder einem leichten Rotwein (Beaujolais, Chianti, aus Baden oder von der Ahr). Schnittkäse bevorzugen im allgemeinen fruchtige, typenvolle Weißweine oder auch einen Weißherbst. Die Ziegenfrischkäse mögen es bunt. Vom Champagner über trockenen Weiß- und Roséwein bis hin zum roten Burgunder paßt ihnen alles. Zum Abschluß eines großen Menues muß man immer Kompromisse machen. Zur Käseplatte trinkt man dann meist, was ohnehin auf dem Tisch steht - nämlich den Wein, den man passend zum Hauptgericht bestellt hat.

FRISCHKÄSE

Frischkäse ist eigentlich der Stammvater aller anderen Käsearten. Er ensteht durch Säuern und Dicklegen pasteurisierter Milch mit Milchsäurebakterien und durch den Zusatz von Lab. Diese Enzyme lassen die Milch gerinnen, d.h. die festen Bestandteile wie Eiweiß und Fett werden von der wasserhaltigen Molke getrennt. Wie der Name sagt, wird Frischkäse in frischem Zustand verzehrt und muß nicht reifen wie andere Käsesorten. Der überwiegende Teil der Frischkäse wird aus Kuhmilch gewonnen. Feinschmecker schätzen auch die charakteristischen Geschmacksrichtungen von Produkten aus Ziegen- und Schafsmilch.

Quark (1)
regional auch Topfen, Weißkäse, Glumse oder Bibbeleskäs genannt, gibt es in verschiedenen Fettstufen. Von Magerquark mit unter 10 % Fett i. Tr., über die Halbfettstufe (20 % Fett i. Tr.) bis hin zum Sahnequark mit 40 % Fett i. Tr. Letzterer wird durch den Zusatz von Sahne besonders cremig, außerdem wird der typisch säuerliche Geschmack dieses Käseproduktes etwas gemildert.

Schichtkäse (2)
besteht aus Lagen von Quark mit unterschiedlichem Fettgehalt, die in durchlässige Förmchen geschichtet werden. Die Molke kann durch diese abtropfen. Er schmeckt leicht säuerlich und wird vorwiegend als Brotaufstrich und für vielerlei Backwerk verwendet.

Rahm- und Doppelrahmfrischkäse (3)
werden aus Quark unter Zusatz von Schlagsahne hergestellt. Sie haben einen Fettgehalt von 60 bzw.

85 % Fett i. Tr. Die Käsemasse wird zentrifugiert und ist daher fester als Quark. Die Streichfähigkeit bleibt aber erhalten. Man erhält diese Frischkäsearten auch mit Kräutern und Gewürzen.

Ziegenfrischkäse (4)
werden aus Ziegenmilch hergestellt. Sie sind mild im Geschmack und zart in der Konistenz. Es gibt mehreren Variationen des Frischkäses: mit Kräutern, mit Paprika, mit Kartoffelschalen, mit feinem Schimmel und naturbelassen.

Hüttenkäse (5)
ein aus Amerika stammender Frischkäse, er ist ein ungereiftes, fettarmes Magermilchprodukt mit reisgroßen Käsekörnern. Sie entstehen aus dem gesäuerten, erwärmten Käsebruch, der anschließend mit kaltem Wasser übergossen wird. Hüttenkäse ist leicht säuerlich und schmeckt süß und salzig zubereitet.

Frischer Gaperon (6)
wird aus dem ausgeflocktem Eiweiß erhitzter Buttermilch hergestellt. Daher stammt auch sein Name: Gape kommt aus dem französischen und bedeutet Buttermilch. Er ist ein halbkugelförmiger Frischkäse.

Ricotta (7)
ist ein italienischer Käse, der aus Molke hergestellt wird. Das Eiweiß der Molke gerinnt beim Erhitzen. Es bindet alle festen Molkestoffe. Es gibt verschiedene Arten von Ricotta: man kann ihn geräuchert, gesalzen, gebacken und getrocknet erhalten.

Mozzarella (8)
ist ein berühmter italienischer Käse, der früher aus Büffelmilch, heute aber meist aus Kuhmilch gewonnen wird. Der gesäuer-

te und zerkleinerte Käsebruch wird mit heißem Wasser überbrüht, gesalzen, leicht verknetet, damit er eine feste Konsitenz annimmt, und anschließend getrocknet. Er wird in Salzwasser schwimmend, in Folie geschweißt auf dem Markt angeboten.

Mascarpone (9)
ein italienischer Dessertkäse aus frischer Sahne, der unreif verkauft wird. In der Herstellung ähnelt er dem Ricotta. Er ist vom Geschmack her sehr süß und wird deshalb vorwiegend für Desserts und Kuchen verwendet.

Dan Slot (10)
ist ein dänischer Doppelrahmfrischkäse, der in verschiedenen Formen angeboten wird. Er ist erhältlich als Torte, Ring oder als Stange. Er wird mit verschiedenen Zutaten verfeinert: z. B. mit Pfeffer, Kräutern, Schnittlauch, Rum, Nougat oder Ananas. Angeboten wird der Käse mit Kräutern, Mandeln oder Gewürzen garniert.

Crottin de Chavignol(11)
ein 60-70 g schwerer französischer Ziegenkäse mit gelblicher Außenhaut (55 % Fett i. Tr.) ist kugelförmig und sein Geschmack ist sehr aromatisch. Er eignet sich sehr gut zum Grillen und schmeckt eingelegt in Weißwein ebenfalls sehr gut.

Pyramiden (12)
ist ein französischer Ziegenkäse mit auffälliger Form. Er ist in weiß oder schwarz erhältlich. Der schwarze ist mit feiner Pflanzenkohle bestreut. Sie entzieht dem Teig Feuchtigkeit. Das Innere des Käses ist weiß und weich. Sein Geschmack ist sehr intensiv.

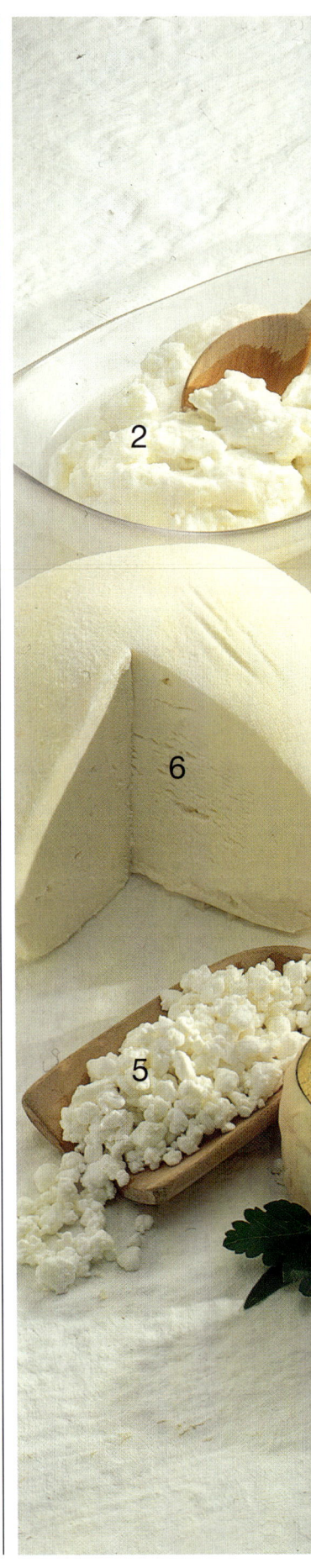

BLAUSCHIMMEL-, SAUERMILCH- UND LAKEKÄSE

Blauschimmelkäse

Edle Schimmelpilze in verschiedenen Farben durchziehen den Teig dieser Käsesorten. Edelpilzkäse werden diese weichen oder auch halbfesten, sehr aromatischen Käse deshalb auch genannt. Die meisten der graugrünen, grünblauen oder blauen Pilzkulturen werden dem Käseteig bei der Herstellung zugesetzt. Unter besonderen Reifebedingungen z. B. in feuchtkühlen, luftigen Kellern oder in Höhlen können sich die Schimmelpilze auch auf natürliche Weise entwickeln. Der Geschmack der Blauschimmelkäse reicht von würzig-mild bis kräftig-scharf, je nach Reifezeit, Fettgehalt und Milchart.

Bayrischer (1) Blauschimmelkäse

Aus bayrischen Käsereien kommen mild-säuerlich schmeckende Weichkäse in unterschiedlichen Handelsbezeichnungen. Sie sind cremig, streichfähig und je nach Käsetyp mehr oder weniger stark mit Blauschimmel durchzogen. Die Oberflächen sind mit einem samtig-weißen Naturschimmel bedeckt.

Blue Stilton (2)

Dieser würzig-pikante Blauschimmelkäse wird in England seit dem 17. Jahrhundert geschätzt. Er wird aus Kuhmilch hergestellt und reift bis zu 6 Monaten in feuchten, luftigen Kellerräumen. Dann hat dieser halbfeste Käse sein typisches Aussehen: eine naturgereifte dünne braungraue Rinde und ein bröckeliges, von kräftigen, blaugrünen Adern durchzogenes zartgelbes Inneres. Fettgehalt ca. 50% i.Tr.

Dänischer Blauschimmelkäse (3)

Ähnlich wie die bayrischen Blauschimmelkäse sind auch die dänischen, wie z. B. der Castello blue von weicher Konsistenz und sahnig-mildem Geschmack. Auch der Fettgehalt von 70% F.i.Tr. ist gleich. Unterschiedlich ist die Reifezeit und das Aussehen. Der Castello blue hat im Gegensatz zu allen anderen Blauschimmelkäsen bereits nach 2 Wochen seinen typischen Geschmack erreicht. Er ist nur teilweise mit grünblau-grauen Schimmeladern durchzogen und hat keine Außenrinde.

Fourme d'Ambert (4)

Der aus der Nähe von Lyon stammende halbfeste Schnittkäse mit Innenschimmel hat seinen kräftigen Geschmack nach ca. 3 Monaten Reife entwickelt. Der Käse, der nach der Stadt Ambert genannt wurde, hat eine trockene Rinde mit graublauem Naturschimmel. Der gelbe Teig ist von kräftigen, blau-grünen Schimmeladern durchzogen.

Gorgonzola (5)

Er ist einer der bekanntesten Blauschimmelkäse und nach der Stadt Gorgonzola benannt, die in der Po-Ebene nicht weit von Mailand entfernt liegt. Der berühmte Italiener hat eine markante rötliche Rinde. Der weiß bis gelbliche Teig aus Kuhmilch ist streichfähig mit grünlichem Schimmel durchsetzt und hat einen Fettgehalt von etwa 48% F.i.Tr. Je nach Zusatz der Schimmelkulturen wird zwischen dem milden „Gorgonzola dolce" und dem würzigen „Gorgonzola piccante" unterschieden.

Roquefort (6)

Wer Blauschimmelkäse meint, dem fällt ganz sicher als erstes dieser weltberühmte „Franzose" ein. In seiner Art ist er auch etwas besonderes. Er wird nämlich als einziger Blauschimmelkäse aus Schafsmilch hergestellt. Außergewöhnlich ist auch der Ort der Reifung: Kalkhöhlen des Bergmassivs Combalou des französischen Dorfes Roquefort. Durch Felsspalten, die „fleurines" werden diese Keller zum Reifen des Käses optimal belüftet und konstant auf einer Temperatur von acht Grad gehalten. Seinen markant-würzigen Geschmack erhält der Käse von dem Schimmelpilz „penicillium roqueforti", der speziell auf Brot gezüchtet wird. Die Sporen werden unter die Schafsmilch gemischt, wo sie innerhalb von drei bis acht Monaten zu herzhaftem, blau-grünen Schimmel heranreifen. Der halbfeste Schnittkäse hat einen Fettgehalt von 52% F.i.Tr.

Sauermilchkäse

Sauermilchkäse (7) werden ohne Zusatz von Lab hergestellt. Nur durch die Säuerung der Milch wird der magere Sauermilchquark gewonnen. Ohne Wärmeeinwirkung wird er dann zu Sauermilchkäse weiterverarbeitet. Die Käseprodukte enthalten nur ca. 1% Fett i.Tr., sind also extrem fettarm, dafür aber reich an Eiweiß. Sauermilchkäse reifen von außen nach innen, ähnlich wie die Weichkäse. Je frischer Sauermilchkäse ist, desto weißer ist das innere. Richtig durchgereift ist er goldgelb, kräftig im Geschmack, mit unverwechselbarem Aroma. Die verschiedenen Produkte unterscheiden sich nicht in der Herstellung, sondern nur in Form und Aussehen. Bekannt sind sie unter dem Namen Harzer, Handkäse, Korbkäse, Bauernhandkäs', Mainzer, Olmützer Quargel u. a., um die wichtigsten zu nennen. Sie können von außen mit Rotschmiere oder weißem Naturschimmel bewachsen oder mit Kümmel bestreut sein.

Lakekäse

Lakekäse (8) wird in Quader oder Würfel geschnitten und reift, ca. einen Monat in Salzlake eingelegt, heran. Er ist weiß, schnittfest, ohne Rinde und schmeckt leicht säuerlich und leicht salzig. Lakekäse sind in der südeuropäischen Küche sehr beliebt. Der bekannteste ist der Feta, der auch bei uns mittlerweile viele Freunde gefunden hat. Früher wurde er ausschließlich aus roher Schafsmilch bzw. einer Mischung aus Schafs- und Ziegenmilch hergestellt. Heute dient auch Kuhmilch zur Feta-Produktion.

WEICHKÄSE

Weichkäse reifen von außen nach innen. In frischem Zustand ist ihr Inneres noch fest. Erst wenn sie richtig durchgereift sind, werden sie butterweich, fast fließend und cremig. Weichkäse werden in zwei Gruppen unterteilt: Produkte mit Schimmel und solche mit Schmiere. Bei den Weichkäsen mit Außenschimmel entsteht die typische, flockig-weiße bis gelbliche Oberfläche durch Pilzkulturen, die auf den frischen Teig aufgetragen werden und sich während der Reifung bei hoher Luftfeuchtigkeit und gleichmäßig niedriger Raumtemperatur entwickeln. Bei den Weichkäsen wird der eßbaren Rinde sehr viel Aufmerksamkeit geschenkt. Je nach Produkttyp wird sie gewaschen, mit Salzlake oder Wein abgerieben oder gebürstet. Mikroorganismen werden aufgetragen und bilden nach etwa drei bis sechs Wochen den gewünschten gelblichen Überzug die Schmiere.

Banon

Dieser französische Weichkäse stammt aus der Region Isère. Die etwa 500 g schweren Käselaibe wurden früher aus Ziegenmilch hergestellt. Heute kommt vorwiegend Kuhmilch zum Einsatz. Der cremige, gelbweiße Käse mit der herbsäuerlichen Note hat eine interessante unverwechselbare Außenhülle: Nachdem die Käselaibe ein Bad in Tresterschnaps hinter sich haben, werden sie in Maronenblätter eingewickelt und mit Bast verschnürt. Feinschmecker schätzen ihn besonders, wenn er schon leicht "anrüchig" ist. D. h. die Blätter etwas angeschimmelt sind und die Außenseite des Käses mit bläulichen Schimmel überzogen ist.

Brie (1)

Von diesen Weichkäse gibt es verschiedene Sorten. Am bekanntesten ist der flache, tortengroße Käse mit dem feinen, weißen Oberflächenschimmel aus der Provinz Seine-et-Marne östlich von Paris. Durch leichten Fingerdruck läßt sich der Reifegrad prüfen: in frischem Zustand ist der Käse fest, mit zunehmender Reife wird er immer weicher. Die meisten Bries, auch die deutschen, werden aus pasteurisierter Milch hergestellt. Eine Ausnahme bilden der "Brie de Meaux" und der "Brie de Melun", die aus Rohmilch hergestellt werden.

Camembert (2)

Der Camembert ist einer der beliebtesten und bekanntesten Weichkäse. Er stammt aus der Gemeinde Camembert in der Normandie. Die Geschichte berichtet, daß es im 18. Jahrhundert einer Bäuerin gelungen ist, aus dem ursprünglichen Rotschmieren-Käse eine Art mit gleichmäßigem Schimmelüberzug herzustellen. Seit Anfang des 20. Jahrhundert wird er in der heutigen Form, mit geschlossenem Weißschimmel, produziert. Mit zunehmender Reife wird der Geschmack des Käses ausgeprägter und der Außenschimmel färbt sich graublau.

Chaource (3)

Dieser Käse hat einen leicht säuerlichen Geschmack. Er stammt, wie auch das berühmte prickelnde Getränk, aus der Champagne. Daher ist es nicht verwunderlich, daß er besonders zu Champaner empfohlen wird (oder umgekehrt)! Der Chaource hat von beiden Weichkäse-Gruppen etwas. Während der Reifezeit entwickelt sich nämlich ein weißer Außenschimmel, der von einer Rotschmiere durchsetzt ist. Der Käse wird als Weich- und auch als Frischkäse angeboten.

Chaumes (4)

Ein ins Auge fallender Käse: außen eine kräftige Rotschmiere und innen eine markante Lochbildung. Dazu ein geschmeidiger, schnittfester Teig (50 % Fett i. Tr.) und eine milde, angenehme Würze.

Pont l'Evêque (5)

Ein traditioneller, französischer Weichkäse ebenfalls mit Rotschmiere, benannt nach dem gleichnamigen Ort in der Normandie. Übersetzt bedeutet der Name "Bischofsbrücke". Allerdings hat der quadratische Käse mit keinen von beiden eine nenneswerte Ähnlichkeit.

Pavé

Der Pavé stammt aus der gleichen Region wie der Pont l'Evêque. Im Geschmack ist er ihm ähnlich. Bei der Namensgebung hatte man eine etwas glücklichere Hand, denn Pavé bedeutet "Pflasterstein", und genauso sieht der Käse aus. Da es verschiedene Sorten Pavé gibt, tragen sie, zur besseren Unterscheidung, jeweils im Namen den Zusatz der Region oder des Ortes, in der sie produziert werden, beispielsweise "Pavé d'Auge".

Vacherin (6)

In dem schweizer Kanton Waadt hat der Vacherin seinen Ursprung. Sein Geschmack ist kräftig, leicht nussig und kann, je nach Produktionsart, einen leichten Beigeschmack von Tannen- oder Brikenrinde haben. Das kommt daher, daß der Käse während der Reifezeit in Spanschachteln liegt und durch die genannten Holzrinden in Form gehalten wird. Da Weichkäse eine intensiven Geruch rasch annehmen kommt man so zu einer zusätzlichen, ausgefallenen Geschmacksrichtung. Ähnlich wie bei dem Pavé wird auch beim Vacherin der Name des Produktes mit dem Entstehungsort verbunden. Vacherin Mont d'or nennt sich der schmackhafte Vertreter aus dem schweizer Jura.

3

SCHNITTKÄSE

Die größte und auch bekannteste Käsegruppe ist die der Schnittkäse. Gouda, Edamer, Tilsiter und Butterkäse sind die bekanntesten Vertreter. Die Schnittkäse lassen sich in halbfeste und feste Produkte unterteilen. Wobei die Übergänge manchmal fließend sind.

Halbfeste Käse ähneln in der Konsistenz den Weichkäsen. Sie reifen wie diese jedoch nicht von außen nach innen, sondern gleichmäßig durch.

Da der Käsebruch nach Ablaufen der Molke in eine bestimmte Form gepreßt wird, nennt sie der Fachmann auch „Preßkäse". Ist der Käsebruch klein, wird der Käse härter, bei größerem Bruch bleibt der Käse weicher.

Nach einem Bad in Salzlake, um unerwünschte Schimmelbildung zu vermeiden, reifen die Schnittkäse in luftigen, stets gleichmäßig temperierten Gewölben.

Auch die Abgrenzung zwischen Schnitt- und Hartkäse ist nicht immer eindeutig. Generell aber haben Schnittkäse einen höheren Gehalt an Trockenmasse als Weichkäse und einen niedrigeren als Hartkäse. Der Fettgehalt in der Trockenmasse (F.i.Tr.) liegt bei allen Schnittkäsen etwa zwischen 30-50%.

Appenzeller (1)

Der aus roher Kuhmilch produzierte Schweizer Traditionskäse stammt aus den Kantonen Appenzell, Thurgau und St. Gallen. Sein aromatischer, leicht fruchtiger Geschmack entwickelt sich während der Reifezeit.

Die Laibe werden nämlich mit einer besonderen Mischung aus Wein, Kräutern, Hefen und Salz eingerieben. Das markante Aroma dieser Mixtur zieht in den Teig ein. Eine weitere Besonderheit des Appenzellers sind die etwa erbsengroßen, mit salzigem Wasser gefüllten Löcher des leicht grauen Teiges. Gut sechs Monate benötigt diese Käsespezialität, um gut durchzureifen.

Bel Paese (2)

Ein halbfester Schnittkäse, sehr gut geeignet als Tafelkäse. Der Bel Paese wurde zu Anfang dieses Jahrhunderts in Mailand entwickelt. Trotz seiner „Jugend" wurde er aber neben dem Parmesan der bekannteste Käse Italiens. Der helle, elastische Teig mit den kleinen Löchern ist weich, läßt sich aber gut schneiden.

Nach einer verhältnismäßig kurzen Reifezeit von sechs Wochen schmeckt der Käse leicht und zart säuerlich-pikant.

Butterkäse (3)

Diese Käsesorte gibt es in vielen Varianten. Eines haben alle gemeinsam - den sahnigen, fein-säuerlichen, an Butter erinnernden Geschmack.

Meistens ist er halbfest, wird in unterschiedlichen Formen und mit oder ohne Rinde angeboten.

Cheddar (4)

Cheddar ist der bekannteste Käse Englands. Das kleine Dorf Cheddar in der Grafschaft Somerset gab ihm seinen Namen. Mittlerweile wird dieser gelbe, feste und doch elastische Schnittkäse mit dem würzigen Geschmack auch in Deutschland, Nordamerika, Australien und Neuseeland hergestellt. Je nach Produktionsort wird er auch unter dem Namen „Chester" angeboten.

Edamer (5)

Der „Edamer kaas" ist ein Vertreter der traditionellen, niederländischen Käsefamilie. Er stammt aus der Stadt Edam und wird im Gegensatz zum Gouda nicht aus Vollmilch, sondern aus teilentrahmter Milch hergestellt. Der fein gelöcherte Schnitt-Teig wird von einer gelbroten, paraffinhaltigen Rindenschicht umhüllt.

Holländischer Edamer hat immer 40% F.i.Tr., während in Deutschland produzierte Sorten in unterschiedlichen Fettstufen (von 30-50%) angeboten werden.

Der sehr milde Geschmack macht den Edamer zu einem sehr beliebten „Kinderkäse".

Esrom (6)

Der intensiv riechende Käse trägt den Namen der dänischen Klosterstadt Esrom. Der Teig ist weich, schnittfest und mit reiskorngroßen Löchern durchsetzt. Der pikante, leicht säuerlichen Geschmack wird von der mit Schmiere überzogenen, dünnen Rinde verstärkt. Die etwa ziegelsteingroßen Käselaibe haben eine Reifezeit von 2-6 Wochen und werden auch mit Kräutern oder Kümmel verfeinert angeboten.

Fontina

Nur wenn dieser halbfeste, aus Rohmilch hergestellte italienische Schnittkäse aus dem Aostatal stammt, darf er sich Fontina nennen. Noch streiten sie die Gelehrten, ob sich der Name von „Alpe Fontin" oder von „fondere", was schmelzen bedeutet, ableitet. Tatsache ist, daß er in den Sommermonaten auf den Almen produziert wird und ein Hauptbestandteil der Fonduta, eines landestypischen Käsefondues, ist. Eben weil er wunderbar und ohne Fäden zu ziehen schmilzt. Der dichte, zartgelbe Teig ist weich und schmeckt aromatisch und leicht süßlich.

Gaperon (1)

Die Buttermilch, französisch „Gape"genannt, verleiht dem Gaperon seinen leicht säuerlichen Geschmack. Damit die weichen Käselaibe während der sechswöchigen Reifezeit nicht auseinanderfallen, werden sie mit einem Band umwickelt. Das poröse, leicht gelbe Innere wird von einer weißen, dünnen Schimmelschicht umhüllt, die ab und zu auch von einer Rotschmiere durchsetzt sein kann. Die in der Auvergne produzierte Käsespezialität wird auch mit Knoblauch oder Pfefferkörnern verfeinert angeboten.

Gouda (2)

Der Gouda ist einer der beliebtesten und bekanntesten Käse der Welt. Kein anderes Käseprodukt wird in so unterschiedlichen Altersstufen angeboten - von jung über mittelalt bis alt, dazu noch weitere Reifestufen innerhalb dieser Kategorien.

Der niederländische „Goudse kaas" wird aus pasteurisierter Milch hergestellt. Im Gegensatz zum Bauern-Gouda (Goudse boeren kaas), der immer aus Rohmilch produziert wird. Die Reifegrade reichen von zwei Wochen bis zu einem Jahr. Mit zunehmendem Alter wird der Gouda immer fester und der Geschmack ausgeprägter und würziger.

Gouda und goudaähnliche Schnittkäse sind auch mit Kräutern und Gewürzen verfeinert im Handel. Der Geschmack ist je nach Zusatz (Brennessel, Kümmel, Zwiebel, Knoblauch, Senfkörner, Meerrettich, Karotten, Pfeffer u. a.) fein bis würzig.

Havarti (3)

Der dänische Schnittkäse ist in Farbe, Form und Teigbeschaffenheit dem Tilsiter ähnlich. Während der Reifezeit wird der Havarti einer intensiven Schmierenbehandlung unterzogen, die ihm seinen ausgeprägten Geschmack verleiht. Er wird mit 40 und 60% F.i.Tr. hergestellt und mit Kräutern und Kümmel verfeinert angeboten.

Höhlenkäse (4)

Wie der Name schon sagt, reift dieser dänische, halbfeste Schnittkäse mit den teilweise kirschkerngroßen Löchern in Höhlen aus Kalksandstein.
Die natürliche Umgebung verleiht ihm auch den besonderen würzigen Geschmack.

Maasdamer (5)

Noch ein berühmter „Holländer". Zugleich auch der Auffälligste.
Der saftige, geschmeidige Teig enthält 45% F.i.Tr. und entwickelt nach einer Reifung von fünf bis sechs Wochen seinen süßen, nußartigen Geschmack. Unverwechselbar machen ihn die zahlreichen, haselbis walnußgroßen Löcher.

Maroilles (6)

Der nach einem Kloster im Nordosten von Frankreich benannte Käse hat eigentlich von allen Arten etwas. Von der Konsistenz ist er dem halbfesten Schnittkäse Taleggio ähnlich.
Vom Geschmack her läßt er sich eher mit Limburger und Romaduer vergleichen. Je nach Reifegrad verändert der Maroilles seine Teigfarbe: Von cremeweiß in frischem, über strohgelb im mittelreifen bis hin zu goldgelb in vollreifem Zustand.

Pyrenäenkäse (1)
Diese ursprünglich baskische Käsespezialität wurde am Anfang aus Schafsmilch hergestellt und hatte einen pikanten Geschmack. Aus handelstechnischen Gründen wurde die Produktion auf Kuhmilch umgestellt. Das Ergebnis war ein milderer, blaßgelber Käse mit linsengroßen Löchern und der typischen schwarzen Rinde aus Wachs. Liebhaber von Schafskäse sollten sofort zugreifen, wenn ihnen im Urlaub Pyrenäenkäse aus bäuerlicher Herstellung angeboten wird. Ein besonderer Genuß!

Raclette (2)
Auch bei diesem Kreis ist man sich über die Namensgebung nicht ganz einig. Heißt der Käse nach dem Essen oder das Essen nach dem Käse? Tatsache ist, daß sich der Name von „racler" ableitet und „schaben" bedeutet. Das Walliser Nationalgericht wird Raclette genannt, weil dazu eben dieser Käse an seiner Schnittstelle geschmolzen und mit dem Messer abgeschabt wird. Am besten schmeckt der hellgelbe, fein gelöcherte Käse (45-55 % F. i. Tr.) am offenen Feuer erhitzt. Mit Spezialgrills gelingt das individuelle Essen auch am Tisch zubereitet. Nach zwei Monaten Reife schmeckt der Raclette mild, länger gereift wird er herzhaft bis kräftig.

Reblochon (3)
Der kleine französische Käse verdankt seine Entstehung einer Trotzreaktion der Senner gegen die Allmacht der Obrigkeit. Im Mittelalter wurde die Pacht der Sennereien nach der Milchmenge festgelegt. Um möglichst gut wegzukommen, ersannen die schlitzohrigen Bauern eine List: während des Kontrollbesuches wurden die Kühe nie ganz leer gemolken. Aus der verbliebenen Menge wurde dann ein Käse hergestellt. Sie nannten ihn „la robloche", das Nachmelken. Da die Milchmengen nicht sehr groß waren, fiel der Käse entsprechend klein aus. Was dem Reblochon aber an Größe fehlt, macht er im Geschmack wett. Der blaßgelbe, mit kleinen Löchern durchzogene Teig schmeckt äußerst kräftig. Jung ist der Käse noch schnittfest, mit zunehmender Reife beginnt er zu fließen. Die auffallende, safrangelbe Rinde ist von weißen Hefekolonien durchsetzt.

Sage Derby (4)
Der erste Eindruck des Sage Derby ist ziemlich exotisch - grasgrün-marmoriert und mit einer grünen Wachsschicht überzogen! Nicht nur, daß er außergewöhnlich aussieht, er schmeckt auch so: herzhaft-würzig und kräftig nach Salbei.
Seine Herkunft ist aber echt britisch, die Region Derbyshire in Mittelengland. Leider ist nicht überliefert, wer diesen festen Schnittkäse erfunden hat.

Scamorza
Noch eine Käsekuriosität. Der birnenförmige Scamorza aus den Abruzzen kommt frisch, gereift und geräuchert in den Handel. Bei letzterer Ausführung wird der Käse paarweise zusammengebunden und auch so angeboten. Eigentlich ist er ein halbfester Schnitt-Frischkäse mit angenehm frischem bzw. rauchigem Geschmack. Die dünne, glatte Rinde ist je nach Typ weiß oder braun. Der Fettgehalt liegt zwischen 45-50% F.i.Tr.

Taleggio (5)
Der italienische Käse aus dem Taleggio-Tal westlich der Provinz Bergamo schmeckt im ganzen süßlich mit einer kleinen säuerlichen Nuance.
Er kann sowohl Weichkäse als auch halbfester Schnittkäse sein. Im Innern ist der weißlich-gelbe Teig fester als direkt unter der Rinde. Die rotbraune Rindenoberfläche ist rauh und unregelmäßig mit graublauen Schimmelpilzen bedeckt.

Tilsiter (6)
Tilsiter werden heute in vielen Ländern produziert. Den Ursprung hat diese Käsesorte in Ostpreußen, wo er besonders um die Stadt Tilsit herum hergestellt wurde.
Der feste Schnittkäse ist hellgelb, etwas löchrig und schmeckt herb-pikant mit einer feinen säuerlichen Note. Sein Fettgehalt liegt bei 55 % F. i. Tr.
Die Rinde ist mit Schmiere bewachsen und zum Schutz leicht gewachst.

23

HARTKÄSE

Hartkäse reifen sehr langsam, bis zu drei Jahren, und werden dabei sehr trocken. Der Geschmack reicht, je nach Sorte, von pikant bis kräftig. Käse dieser Art sind sehr lange lagerfähig und gut zu transportieren. Nach dieser langen Reifezeit werden sie teilweise so fest und bröckelig, daß man sie nur noch reiben oder mit einem Spezialmesser brechen kann.

Bergkäse (1)
Bergkäse ist ein Sammelbegriff für alle Käse, die während der Weidezeit auf den Almen der Berge hergestellt werden. Bei dieser bäuerlichen Produktion hat jeder Käsetyp einen ganz individuellen Geschmack. Meistens sind es Sorten mit festem gelbem Teig, leichter Lochstruktur und pikantem, säuerlichen Geschmack.

Comté
Der sehr große Käselaib mit dem zartgelben Teig und den haselnußgroßen Löchern, stammt aus den französischen Alpen (Region Franche-Comté). Er hat einen feinen Buttergeschmack mit einer mild-fruchtigen Note.

Emmentaler (2)
Der wagenradgroße Käseriese stammt aus dem Emmental im Kanton Bern und wird deshalb auch „Schweizer Käse" genannt. Da die Sorte Emmentaler (48 % F. i. Tr.) auch in Frankreich, Österreich, Deutschland und Finnland produziert wird, trägt das Schweizer Original die Handelsbezeichnung „Emmentaler Switzerland". Alle Sorten werden immer aus roher Kuhmilch hergestellt. Je nach Reifezeit (vier bis zwölf Monate) ist der Teig zartgelb bis gelb und von kirsch- bis pflau-mengroßen Löchern durchsetzt.

Grana padano (3)
Dieser italienische Hartkäse ähnelt in Gewicht, Form und Farbe seinem bekannten Kollegen „Parmesan". Nur geschmacklich ist er nicht so ausgeprägt wie dieser. Der Grana schmeckt lieblicher und nicht so nussig.

Greyerzer oder Gruyère (4)
Zwei Namen, ein Käse. Im deutschsprachigen Raum der Schweiz heißt er Greyerzer, im französischen Teil nennt man ihn Gruyère. In Geschmack und Aussehen ähnelt er dem Emmentaler, ist aber nicht so riesig, hat wenig Löcher und eine mit Schmiere behandelte Rinde.

Gouda, alter (5)
Dieser holländische Hartkäse (48 % F. i. Tr.) kann bis zu 80 Wochen reifen. Dann ist der Teig fest bis spröde und leicht bis stark bröckelig. Um die Bezeichnung alt tragen zu dürfen, muß der Gouda mindestens 45 Wochen reifen. Erst dann bekommt er den typisch würzig-kräftigen Geschmack. Allerdings ist der Teig auch fest bis hart, läßt sich aber noch leicht schneiden.

Manchego (6)
Der Manchego ist der spanische Vertreter der Hartkäsegruppe. Die Milch für den bekannten Käse stammt von den Mancha-Schafen in der gleichnamigen spanischen Provinz. Sie wird frisch oder pasteurisiert verwendet. Die etwa drei Kilo schweren Laibe mit der originell gemusterten Rinde reifen in zwei bis zwölf Monaten zu einem pikanten, leicht salzigen Käse mit hellgelbem Teig heran.

Mimolette (7)
Der Mimolette wird aus pasteurisierter Kuhmilch hergestellt. Der kugelrunde Käse hat eine auffallend orangerote Farbe. Ein Relikt aus der Zeit des Sonnenkönigs Ludwig XIV., als der Käse extra für die Armee hergestellt wurde. Die ausgefallene Farbe sollte die Soldaten vom Stehlen abhalten. Aus Tradition wird das Färben mit dem Orleansfarbstoff aus den Samen des tropischen Ruku-Baumes noch heute beibehalten. Je älter der Mimolette wird, desto mehr verstärkt sich der haselnußartige Geschmack, gleichzeitig wird der Teig kräftiger in der Farbe.

Parmesan (8)
Parmesan ist die deutsche Bezeichnung für den bekanntesten italienischen Hartkäse, den Parmigiano-Reggiano. Er ist ein extraharter, nussig schmeckender Käse, mit strohgelbem, feinkörnigem Inneren. Obwohl er bereits nach sechs Monaten genußreif ist, läßt man ihn bis zu drei Jahren reifen. Dann ist es nicht mehr möglich ihn zu schneiden, er kann nur noch mit einem Spezialmesser in Stückchen gebrochen werden. Parmesan sollte immer erst kurz vor der Verwendung frisch gerieben werden, da er bei Aufbewahrung in geriebenem Zustand an Aroma verliert.

Pecorino (9)
Pecorino-Käse haben einen auffällig weißen bis hellgelben, rauhen Teig, der sehr pikant, manchmal auch etwas salzig schmeckt. Er wird in verschiedenen Gegenden Italiens aus pasteurisierter Schafsmilch hergestellt. Am bekanntesten sind der Pecorino Sardo aus Sardinien und aus Mittelitalien der Pecorino Romano. Der Käse reift zwischen sechs und neun Monaten. Die Rinde kann strohgelb oder braun gefärbt sein.

Provolone (10)
Der Provolone (45 % F. i. Tr.) wird in Süditalien hergestellt. Der Geschmack tendiert, je nach Reifezeit von drei bis sechs Monaten, von mild (Provolone dolce) bis sehr kräftig (Provolone piccante). Die Rinde ist sehr dünn, goldgelb und glatt. Der Provolone wird in verschiedenen Formen und unterschiedlichen Namen angeboten.

Sbrinz (11)
Ein weiterer Hart- bis Extrahartkäse aus der Schweiz. Der Rohmilchkäse (48 % F. i. Tr.) wird in den Kantonen Aargau, Luzern und Zug produziert und reift mindestens anderthalb Jahre. Bis zur Vollreife vergehen bis zu drei Jahre. Dann hat er seinen vollmundigen Geschmack erreicht. Der sehr trockene und feste Teig läßt sich aber noch in Scheiben schneiden.

Tête de Moine (12)
Der Name bedeutet Mönchskopf, weil der Käse, weder geschnitten noch geraspelt, sondern mit einem Spezialmesser kreisförmig geschabt wird. Dieser rund geschabte Käse hat dann Ähnlichkeit mit einer Tonsur. Der milde, leicht würzige Käse wird auch Bellelay, nach dem gleichnamigen Kloster im Schweizer Jura, genannt. Bereits im 12. Jahrhundert haben sich dort die Mönche mit der Herstellung dieses Käses befaßt.

SUPPEN UND VORSPEISEN

Suppen macht er besonders cremig und aromatisch, Vorspeisen verleiht er das gewisse Etwas – ohne Käse wären diese appetitanregenden Gerichte doch nur halb so gut!

Überbackene Zwiebelsuppe – dieses klassische Gericht schmeckt heiß serviert am besten.

Für 4 Portionen:

400 g Zwiebeln
2 El Butter
2 Tl Mehl
1 l Instant-Gemüsebrühe
1/4 l trockener Weißwein
geriebene Muskatnuß
Salz
4 Scheiben Baguette
2 Knoblauchzehen
125 g Sbrinz (Schweizer
Extrahartkäse)
Petersilie zum Garnieren

1. Die Zwiebeln pellen und in Ringe schneiden.
2. 1 El Butter erhitzen und die Zwiebelringe darin andünsten. Mit Mehl bestäuben, anschwitzen und mit der Brühe und dem Wein ablöschen.
3. Die Suppe zum Kochen bringen und bei milder Hitze ca. 20 Minuten zugedeckt köcheln lassen. Mit Muskat und Salz abschmecken.
4. Die restliche Butter in einer Pfanne erhitzen und die Baguette-Scheiben

darin von beiden Seiten goldbraun rösten.
5. Die Knoblauchzehen pellen und fein hacken. Den Käse fein reiben.
6. Die Zwiebelsuppe in 4 feuerfeste Suppentassen füllen und je 1 Scheibe Baguette darauf legen. Die Suppe mit Knoblauch und Käse bestreuen und im vorgeheizten Backofen bei 220°C (Gas Stufe 3/Umluft 180°C) auf der oberen Einschubleiste ca. 5 Minuten überbacken. Mit Petersilie garniert servieren.

Zubereitungszeit: ca. 50 Minuten
Pro Portion ca. 1528 kJ/364 kcal,
11 g Eiweiß, 18 g Fett,
23 g Kohlenhydrate

Eine leichte, sommerliche Vorspeise: Mozzarella mit Tomaten.

MOZZARELLA MIT TOMATEN

Für 4 Portionen:

700 g Fleischtomaten
200 g Mozzarella
2 Bund Basilikum
20 ml Zitronensaft
Salz
Pfeffer aus der Mühle
4 El Olivenöl

1. Die Tomaten waschen, putzen, den grünen Stielansatz entfernen und die Tomaten in Scheiben schneiden.
2. Den Mozzarella in Scheiben schneiden. Die Basilikumblätter abzupfen.
3. Die Tomaten- und Mozzarellascheiben abwechselnd dachziegelartig auf einer Platte anrichten. Die Basilikumblätter darauf verteilen.
4. Den Zitronensaft mit Salz, Pfeffer und Öl gut verrühren, dann das Öl

unterschlagen und die Salatsauce über den Salat träufeln.

Zubereitungszeit: ca. 15 Minuten
Pro Portion ca. 787 kJ/187 kcal,
2 g Eiweiß, 15 g Fett,
7 g Kohlenhydrate

SCHWEIZER KARTOFFELSUPPE

Für 4 Portionen:

500 g Kartoffeln
2 Möhren
200 g Knollensellerie
1 Stange Porree (ca. 200 g)
1 l Instant-Gemüsebrühe
3 El Crème fraîche
100 g geriebener Emmentaler
Salz
Pfeffer aus der Mühle
1 Tl abgeriebene Schale von 1 unbehandelten Zitrone
200 g dünn geschnittenes Bündner Fleisch
1 Zwiebel
1 Bund Kerbel

1. Die Kartoffeln, die Möhren und den Sellerie schälen und waschen. Den Porree putzen und waschen. Das Gemüse in grobe Stücke schneiden und mit der Brühe zum Kochen bringen. Zugedeckt ca. 20 Minuten garen.

2. Die Suppe mit dem Schneidstab des Handrührers pürieren, die Crème fraîche unterrühren und den Käse in der Suppe schmelzen lassen. Mit Salz, Pfeffer und Zitronenschale abschmecken.

3. Das Bündner Fleisch in feine Streifen schneiden. Die Zwiebel pellen und in dünne Ringe schneiden. Die Kerbelblättchen abzupfen.

4. Die Kartoffelsuppe anrichten und mit den Fleischstreifen, Zwiebelringen und Kerbel bestreut servieren.

Zubereitungszeit: ca. 45 Minuten
Pro Portion ca. 1701 kJ/405 kcal,
23 g Eiweiß, 18 g Fett,
29 g Kohlenhydrate

Eine besonders herzhafte Suppe, sie wird mit Bündner Fleisch bestreut serviert.

Den Grieß so lange rühren, bis er sich als Kloß vom Boden löst.

Das Ei vorsichtig unter die abgekühlte Grießmasse rühren. So wird der Brei streichfähig.

Mit einem Teigschaber den Brei ca. 1 cm dick auf ein Backblech streichen.

Die Brühe zwischen den Grießtalern und dem Rand in die Form gießen.

Überbackene Grießtaler: Ein Beispiel dafür, wie vielfältig Grieß zubereitet werden kann.

ÜBERBACKENE
GRIESSTALER

Für 4 Portionen:

1/2 l Milch
Salz
Pfeffer aus der Mühle
geriebene Muskatnuß
250 g Weizengrieß
1 Ei
Butter für die Form
50 g frisch geriebener
Parmesan
100 ml Instant-Gemüse-
brühe
Kräuter zum Garnieren

1. 1/2 l Wasser mit der Milch, etwas Salz, Pfeffer und Muskatnuß aufkochen lassen.

2. Den Grieß unterrühren und kochen, bis ein Brei entstanden ist. Den Topf vom Herd nehmen und die Masse etwas auskühlen lassen.

3. Das Ei verquirlen und zu der Grießmasse geben. Den Grießbrei wie beschrieben auf ein mit kaltem Wasser abgespültes Backblech streichen und abkühlen lassen. Mit einem runden Ausstecher (ca. 5 cm Ø) Taler ausstechen.

4. Die Taler dachzielgelartig in eine gefettete feuerfeste Form (2 l Inhalt) legen und mit dem Parmesan bestreuen. Die Brühe angießen, jedoch nicht über die Taler gießen. Die Taler im vorgeheizten Backofen bei 200°C (Gas Stufe 3/Umluft 180°C) auf der 2. Einschubleiste von unten ca. 20 Minuten backen. Mit Kräutern garniert servieren.

Zubereitungszeit: ca. 50 Minuten
Pro Portion ca. 1759 kJ/419 kcal,
17 g Eiweiß, 13 g Fett,
51 g Kohlenhydrate

TOMATENSUPPE MIT KÄSENOCKEN

Für 4 Portionen:

300 g Kalbsknochen
1 Zwiebel
1 Bund Suppengrün
1 El Olivenöl
1 große Dose geschälte Tomaten (850 g EW)
Salz
1 Lorbeerblatt
Pfeffer aus der Mühle
125 ml Milch
1 El Butter
4 El Grieß
1 Ei
100 g Frischkäse mit Kräutern
400 g Brokkoli

1. Die Knochen waschen, die Zwiebeln pellen und vierteln, das Suppengrün waschen, putzen und kleinschneiden. Das Öl in einem Topf erhitzen und alles zusammen darin kurz anbraten.

2. Die Tomaten grob hacken und mit ihrer Flüssigkeit und 3/4 l Wasser dazugeben. Das Ganze aufkochen lassen, mit Salz, Lorbeerblatt und Pfeffer würzen und bei milder Hitze ca. 1 Stunde zugedeckt köcheln lassen.

3. In der Zwischenzeit die Milch mit der Butter und etwas Salz in einem Topf zum Kochen bringen. Den Grieß hineinschütten und unter Rühren aufkochen lassen. Den Topf vom Herd nehmen und dann das Ei und den Frischkäse unterrühren. Die Masse etwas abkühlen lassen und mit 2 Teelöffeln Klößchen daraus formen.

4. Den Brokkoli putzen, waschen und in Röschen teilen.

5. Die Tomatensuppe durch ein Sieb passieren und aufkochen lassen. Die Klößchen und die Brokkoliröschen in der Suppe ca. 10 Minuten bei mittlerer Hitze garen. Nochmals mit Salz und Pfeffer abschmecken und servieren.

Zubereitungszeit:
ca. 1 1/2 Stunden
Pro Portion ca. 903 kJ/215 kcal,
12 g Eiweiß, 13 g Fett,
9 g Kohlenhydrate

FRISCHKÄSE-REISTALER

Für 4 Portionen:

250 g Vollkornreis
Salz
250 g Mehl
250 g Dan Slot mit Nougat
(Dänischer Frischkäse)
1 Ei
Pfeffer aus der Mühle
geriebene Muskatnuß
1/2 Bund Petersilie
6 El Olivenöl

1. Den Vollkornreis in Salzwasser 20-25 Minuten garen.
2. Das Mehl mit dem Frischkäse, Ei, etwas Pfeffer, Muskat und dem Reis verkneten.
3. Die Petersilie waschen, trockenschütteln, fein hacken und unterkneten. Die Reismasse auf einer bemehlten Arbeitsfläche zu einer Rolle formen und kleine Taler von etwa 3 cm Ø abschneiden.
4. Das Öl in einer Pfanne erhitzen und die Taler darin portionsweise unter mehrmaligen Wenden in 6-8 Minuten goldbraun ausbacken.
5. Die Frischkäse-Reistaler auf 4 Tellern anrichten und servieren.

Zubereitungszeit: ca. 50 Minuten
Pro Portion ca. 3272 kJ/779 kcal,
20 g Eiweiß, 34 g Fett,
86 g Kohlenhydrate

Ein gelungener Start ins Eßvergnügen – Frischkäse-Reistaler.

KÄSE-SCHMARRN

Für 4 Portionen:

250 g Kartoffeln
Salz
1 El Butter
Salz
geriebene Muskatnuß
1 El gemahlene Haselnüsse
2 kleine Eier
1 El Zucker
2 El Sonneblumenöl
125 g geriebener Greyerzer
(Gruyère)
Kräuter zum Garnieren

1. Die Kartoffeln schälen, waschen und in wenig Salzwasser ca. 20 Minuten kochen. Anschließend abgießen und fein reiben.
2. Butter, Salz, Muskat und Haselnüsse unter die Kartoffelmasse rühren.
3. Die Eier trennen. Das Eigelb mit dem Zucker verquirlen und unter die Kartoffelmischung heben. Das Eiweiß mit 1 Prise Salz steif schlagen und vorsichtig unterziehen.

4. Das Öl in einer Pfanne erhitzen, den Teig portionsweise einfüllen. Den Teig ca. 3 Minuten stocken lassen, bis die Unterseite goldbraun ist. Dann mit 2 Gabeln in Stücke reißen, wenden und von der anderen Seite ebenfalls goldbraun backen.
5. Den Schmarrn kurz vor Ende der Garzeit dick mit Greyerzer bestreuen. Auf 4 Tellern anrichten und mit Kräutern garniert servieren.

Zubereitungszeit: ca. 45 Minuten
Pro Protion ca. 1738 kJ/414 kcal,
15 g Eiweiß, 29 g Fett,
16 g Kohlenhydrate

Schmeckt als Vorspeise oder herzhafte Zwischenmahlzeit: Käse-Schmarrn.

Die Wildkräuter geben der Kalbfleisch-Cremesuppe den besonderen Pfiff.

KALBFLEISCH-CREMESUPPE MIT BRUNNENKRESSE

Für 4 Portionen:

300 g Kalbsbrust
1 l Kalbsfond aus dem Glas
2 Bund Brunnenkresse
100 ml Schlagsahne
Salz
Pfeffer aus der Mühle
geriebene Muskatnuß
100 g geriebener Emmentaler

1. Die Kalbsbrust waschen und mit dem Kalbsfond zum Kochen bringen. Zugedeckt bei milder Hitze ca. 1 Stunde köcheln lassen. Die Brühe während des Garens mehrmals abschäumen.

2. Die Brunnenkresse waschen, trockenschütteln und die Blättchen von den Stielen zupfen.

3. Die Brunnenkresse, bis auf ein paar Blättchen zum Garnieren, zusammen mit der Sahne ca. 10 Minuten vor Ende der Garzeit zur Suppe geben.

4. Das Fleisch herausnehmen, in grobe Stücke schneiden und wieder in die Suppe geben.

5. Die Suppe mit dem Schneidstab des Handrührers fein pürieren, mit Salz, Pfeffer und Muskat abschmecken und auf Teller verteilen. Geriebenen Käse darüberstreuen und mit Brunnenkresse garnieren.

Zubereitungszeit:
ca. 1 1/2 Stunden
Pro Portion ca. 2268 kJ/540 kcal,
48 g Eiweiß, 28 g Fett,
11 g Kohlenhydrate

Sojabohnen, Entenfleisch und Gewürze verleihen dem Gericht einen fernöstlichen Touch.

SCHARFE LINSENSUPPE

Für 4 Portionen:

1 Entenbrust mit Knochen (ca. 300 g)
Salz
1 Tl schwarze Pfefferkörner
3 Möhren
1 rote Paprikaschote
1 Bund Frühlingszwiebeln
1 Chilischote
1 Zwiebel
2 Knoblauchzehen
2 El Butter
2 Tl Currypulver
150 g rote Linsen
100 g Sojabohnenkeime
50 g Ricotta
2 El Sojasauce
etwas Zitronensaft
Kräuter zum Garnieren

1. Die Entenbrust waschen und in 1 1/2 l Salzwasser mit den Pfefferkörnern zum Kochen bringen. Während des Garens mehrmals abschäumen. Alles zugedeckt bei milder Hitze ca. 1 Stunde köcheln lassen.

2. Inzwischen die Möhren putzen und schälen, die Paprikaschote halbieren und entkernen, dann die Frühlingszwiebeln putzen, die Chilischote putzen, halbieren und entkernen. Das Gemüse waschen und in feine Streifen schneiden.

3. Die Zwiebel und die Knoblauchzehen pellen und fein hacken.

4. Die Entenbrust aus der Brühe nehmen. Die Brühe durchsieben. Das Entenfleisch von Haut und Knochen lösen, in mundgerechte Stücke schneiden.

5. Die Butter in einem Topf erhitzen und das kleingeschnittene Gemüse mit dem Currypulver darin andünsten. Mit der Brühe ablöschen. Die Linsen dazugeben und ca. 10 Minuten zugedeckt bei mittlerer Hitze kochen lassen.

6. Die Sojabohnenkeime waschen, mit dem Fleisch in die Suppe geben und kurz erwärmen.

7. Den Frischkäse mit der Sojasauce glattrühren und in die Suppe rühren. Die Linsensuppe mit Zitronensaft abschmecken und mit Kräutern garniert servieren.

Zubereitungszeit:
ca. 1 3/4 Stunden
Pro Portion ca. 2552 kJ/607 kcal,
23 g Eiweiß, 40 g Fett,
27 g Kohlenhydrate

SPARGELCREME-SUPPE

Für 4 Portionen:

1 Bund Suppengrün
500 g Putenbrust
1 Tl schwarze Pfefferkörner
1 Lorbeerblatt
Salz
250 g Möhren
je 250 g weißer und grüner Spargel
Pfeffer aus der Mühle
100 g Schmelzkäse (Doppelrahmstufe)
Kräuter zum Garnieren

1. Das Suppengrün putzen, waschen und in grobe Stücke schneiden.

2. Die Putenbrust waschen und mit dem Suppengrün, den Pfefferkörnern und dem Lorbeerblatt in 1 l Salzwasser zum Kochen bringen. Bei milder Hitze ca. 45 Minuten zugedeckt köcheln lassen. Während des Garens mehrmals abschäumen.

3. Inzwischen die Möhren und den weißen Spargel putzen und schälen. Den grünen Spargel putzen, nur den unteren Teil schälen. Das Gemüse waschen. Die Möhren in Scheiben und den Spargel in ca. 3 cm lange Stücke schneiden.

4. Die Putenbrust aus der Brühe nehmen. Die Brühe mit einem Schneidstab pürieren, durchsieben und aufkochen lassen. Das Gemüse hineingeben und ca. 15 Minuten garen. Mit Salz und Pfeffer würzen. Die Putenbrust in Streifen schneiden.

5. Den Käse in kleine Stücke schneiden und unter Rühren in der Suppe schmelzen lassen. Die Putenstreifen dazugeben, kurz erwärmen und die Suppe mit Kräutern garniert servieren.

Zubereitungszeit:
ca. 1 1/2 Stunden
Pro Portion ca. 1050 kJ/250 kcal,
36 g Eiweiß, 6 g Fett,
5 g Kohlenhydrate

Cremesuppe mit grünem und weißem Spargel – die ideale Vorspeise für ein Frühlingsmenü.

Die Muscheln unter kaltem, fließenden Wasser abbürsten. Starken Bewuchs mit einem Messer abschaben.

Die Bärte fest zwischen Daumen und Zeigefinger nehmen und abziehen.

ÜBERBACKENE MUSCHELN

Für 4 Portionen:

2 kg Miesmuscheln
4 Schalotten
1 Knoblauchzehe
1 Bund Kerbel
4 Scheiben Pumpernickel
125 ml trockener Weißwein
Salz
Pfeffer aus der Mühle
100 g Gouda
Kresse und Zitronenscheiben zum Garnieren

1. Die Muscheln wie links beschrieben waschen. Nur die geschlossenen Muscheln in kochendes Wasser geben und ca. 5 Minuten kochen. Nicht geöffnete Muscheln wegwerfen. Die geöffneten Muscheln mit der Schale nebeneinander in eine große ofenfeste Pfanne oder eine breite Auflaufform legen.
2. Die Schalotten und die Knoblauchzehe pellen und fein würfeln.

3. Die Kerbelblättchen abzupfen und fein hacken.
4. Die Pumpernickelscheiben zerbröseln und in dem Weißwein einweichen.
5. Die Schalotten- und Knoblauchwürfel mit dem Kerbel und dem eingeweichten Pumpernickel mischen. Mit Salz und Pfeffer kräftig abschmecken.
6. Den Käse in kleine Würfel schneiden und unter die Pumpernickel-Mischung heben.
7. Jede Muschel mit Pumpernickel-Mischung füllen und die Pfanne in den auf 200°C (Gas Stufe 3/Umluft 180°C) vorgeheizten Backofen schieben. Die Muscheln 10-15 Minuten auf der 2. Einschubleiste von unten überbacken. Anschließend mit Kresse und Zitronenscheiben garniert servieren.

Zubereitungszeit: ca. 35 Minuten
Pro Portion ca. 2627 kJ/625 kcal,
69 g Eiweiß, 13 g Fett,
37 g Kohlenhydrate

MANGOLDSUPPE MIT SCHAFSKÄSE

Für 4 Portionen:

600 g Mangold
2 Zwiebeln
2 Knoblauchzehen
30 g Butter
1 l Instant-Gemüsebrühe
Salz
Pfeffer aus der Mühle
geriebene Muskatnuß
Korianderpulver
2 El Crème fraîche
120 g Schafskäse

1. Den Mangold putzen und waschen. Die Blätter von den Stielen trennen. Die Stiele in kleine Stücke, die Blätter in breite Streifen schneiden.
2. Die Zwiebeln und die Knoblauchzehen pellen und fein hacken.
3. Die Butter in einem Topf erhitzen. Die Zwiebel- und Knoblauchwürfel und die Mangoldstiele darin ca. 7 Minuten dünsten.
4. Die Mangoldblätter dazugeben und zusammenfallen lassen. Die Brühe angießen. Zugedeckt ca. 10 Minuten garen lassen.
5. Die Suppe mit dem Schneidstab des Handrührers pürieren. Mit Salz, Pfeffer, Muskat und Korianderpulver würzen und mit der Crème fraîche verfeinern.
6. Den Käse zerkrümeln oder in kleine Würfel schneiden. Die Suppe auf vier Tellern verteilen und mit dem Käse bestreut servieren.

Zubereitungszeit: ca. 35 Minuten
Pro Portion ca. 1126 kJ/268 kcal,
10 g Eiweiß, 17 g Fett,
13 g Kohlenhydrate

Die leicht nussig schmeckende Mangoldsuppe wird durch würzigen Schafskäse raffiniert abgerundet.

GEMÜSEGERICHTE

Knackiges Gemüse und
aromatischer Käse – zwei,
die sich gesucht und gefunden haben. Ob fein oder
kräftig im Geschmack, auf
den folgenden Seiten findet
jedes Gemüse seinen
idealen Käsepartner.

SCHMORGURKEN MIT GEMÜSE-HACK-FLEISCHFÜLLUNG

Für 4 Portionen:

1 gelbe Paprikaschote
200 g Tomaten
1 Zwiebel
50 g Butter
250 g gemischtes Hack-
fleisch
Salz
Pfeffer aus der Mühle
Paprikapulver
100 g Emmentaler
1 Scheibe Weißbrot
1 Eigelb
4 Schmorgurken
200 ml Schlagsahne
200 ml Instant-Gemüse-
brühe
Kräuter zum Garnieren

1. Die Paprikaschote putzen, halbieren, entkernen, waschen und in Streifen schneiden.

2. Die Tomaten kreuzweise einritzen, kurz in siedendes Wasser tauchen, abschrecken und häuten. Die Tomaten in Achtel schneiden und entkernen.

3. Die Zwiebel pellen und in Würfel schneiden. Die Butter erhitzen und die Zwiebelwürfel zusammen mit den Paprikastreifen darin andünsten. Das Hackfleisch dazugeben und unter Rühren bröselig anbraten. Mit Salz, Pfeffer und Paprikapulver würzen.

4. Die Tomaten dazugeben und das Ganze zugedeckt ca. 10 Minuten schmoren lassen.

5. Den Käse in Würfel schneiden. Das Weißbrot entrinden und zerbröseln. Beides mit dem Eigelb mischen und unter die Hackfleischmischung rühren. Die Pfanne vom Herd ziehen.

6. Die Gurken putzen, waschen, halbieren, entkernen und aushöhlen. Das herausgelöste Gurkenfleisch in Würfel schneiden und ebenfalls unter die Hackfleischmasse rühren.

7. Die Sahne mit der Brühe mischen und in eine Auflaufform (2 l Inhalt) gießen. Die Gurkenhälften mit der Hackfleischmasse füllen und in die Form setzen. Im vorgeheizten Backofen bei 200°C (Gas Stufe 3/Umluft 180°C) auf der 2. Einschubleiste von unten ca. 45 Minuten garen. Mit Kräutern garniert servieren.

Zubereitungszeit: ca. 1 Stunde
Pro Portion ca. 2758 kJ/656 kcal,
25 g Eiweiß, 49 g Fett,
19 g Kohlenhydrate

GEFÜLLTE AUBERGINEN

Für 4 Portionen:
4 kleine Auberginen (à ca. 300 g)
2 Tomaten
200 g Roquefort
1 El frische Basilikum-blätter
Salz
Pfeffer aus der Mühle
4 El Olivenöl
125 ml Instant-Gemüse-brühe
Kräuter zum Garnieren

1. Die Auberginen putzen, waschen und der Länge nach halbieren. Mit einem Löffel das Fruchtfleisch bis auf einen Rand von 1/2 cm herauslösen, in Würfel schneiden und in eine Schüssel geben.
2. Die Tomaten waschen, kreuzweise einritzen, kurz in siedendes Wasser tauchen, herausnehmen, abschrecken, häuten und in Würfel schneiden. Zu den Auberginenwürfeln geben. Den Käse würfeln und ebenfalls dazugeben. Auberginen- und Tomatenwürfel dann mit dem Käse mischen.
3. Die Basilikumblätter waschen, grob hacken und unter die Käse-Gemüse-Mischung heben. Mit Salz und Pfeffer würzen. 2 El Öl unterrühren und die Auberginen mit der Mischung füllen.
4. Eine feuerfeste Form (3 l Inhalt) mit dem restlichen Öl ausfetten, die Auberginen hineinsetzen, die Gemüsebrühe angießen und im vorgeheizten Backofen bei 175°C (Gas Stufe 2/Umluft 160 °C) auf der 2. Einschubleiste von unten ca. 30 Minuten garen. Mit Kräutern garniert servieren.

Zubereitungszeit: ca. 50 Minuten
Pro Portion ca. 1560 kJ/371 kcal,
13 g Eiweiß, 28 g Fett,
10 g Kohlenhydrate

Gefüllte Auberginen – ein Gericht, das Erinnerungen an Urlaub am Mittelmeer wachruft.

ÜBERBACKENER CHICORÉE IM SCHINKENMANTEL

Für 4 Portionen:

4 Chicoréestauden
(à ca. 250 g)
Salz
1 Bund Schnittlauch
1 El eingelegte Pfeffer-
körner
200 g Bratwurstbrät
4 Scheiben gekochter
Schinken
Butter für die Form
1/2 Bund Petersilie
125 ml Schlagsahne
100 g geriebener Gouda

1. Den Chicorée putzen, waschen und den Strunk keilförmig herausschneiden. Die Chicoréestauden ca. 5 Minuten in leicht gesalzenem Wasser blanchieren. In ein Sieb geben und abtropfen lassen, das Kochwasser auffangen.

2. Den Schnittlauch waschen, trockenschütteln, in Röllchen schneiden und mit den Pfefferkörnern zu dem Brät geben. Alles gut vermengen.

3. Die Schinkenscheiben auf eine Arbeitsplatte legen und mit der Fleisch-Kräuter-Masse bestreichen. Die Chicoréestauden mit je einer Schinkenscheibe umwickeln.

4. Eine feuerfeste Form (4 l Inhalt) mit Butter ausfetten. Die Chicoréestauden hineinlegen und im vorgeheizten Backofen bei 220°C (Gas Stufe 4/Umluft 200°C) auf der 2. Einschubleiste von unten ca. 5 Minuten garen.

5. Die Petersilie waschen, trockenschütteln und fein hacken. Die Sahne mit 125 ml Chicoréebrühe und dem geriebenen Käse verrühren. Die Sauce über den Chicorée gießen. Petersilie darüber streuen und den Chicorée weitere 10 Minuten überbacken. Salzkartoffeln dazu reichen.

Zubereitungszeit: ca. 25 Minuten
Pro Portion ca. 1795 kJ/427 kcal, 26 g Eiweiß, 31 g Fett, 4 g Kohlenhydrate

Eine besonders raffinierte Art, das beliebte Chicoréegemüse zuzubereiten.

GEFÜLLTE GEMÜSE-ZWIEBELN

Für 4 Portionen:

80 g Weizenkörner
350 ml Instant-Gemüse-brühe
4 Gemüsezwiebeln
(à ca. 250 g)
Salz
100 g Emmentaler
1 Knoblauchzehe
1 Bund Petersilie
1 Ei
Pfeffer aus der Mühle
Kräuter zum Garnieren

1. Die Weizenkörner am Vortag in Wasser einweichen. Weizenkörner am nächsten Tag kurz unter fließendem Wasser abspülen und in einem Topf mit der Gemüsebrühe zum Kochen bringen. Die Weizenkörner zugedeckt bei milder Hitze ca. 1 Stunde ausquellen lassen.

2. Die Gemüsezwiebeln pellen und in wenig Salzwasser 5 Minuten kochen, abtropfen lassen. Von den Zwiebeln einen Deckel abschneiden und die Zwiebeln so aushöhlen, daß noch 2-3 Schichten der Außenhülle bestehen bleiben. Das ausgelöste Zwiebelfleisch und die Deckel in Würfel schneiden.

3. Den Käse ebenfalls in Würfel schneiden. Die Knoblauchzehe pellen und durchpressen. Die Petersilie waschen, trockenschütteln und fein hacken.

4. Zwiebelwürfel, Weizenkörner, Käse, Knoblauch und Petersilie in eine Schüssel geben mit dem Ei vermischen. Das Ganze mit Salz und Pfeffer kräftig abschmecken.

5. Die Masse in die Zwiebeln füllen und im vorgeheizten Backofen bei 250°C (Gas Stufe 6/Umluft 225°C) auf der unteren Einschubleiste ca. 10 Minuten backen. Die Zwiebeln mit Kräutern garniert servieren.

Zubereitungszeit (ohne Einweichzeit): ca. 1 1/4 Stunden
Pro Portion ca. 1335 kJ/318 kcal,
24 g Eiweiß, 11 g Fett,
26 g Kohlenhydrate

Gemüsezwiebeln kann man auf unterschiedlichste Art füllen – probieren Sie doch mal diese vollwertige Variante.

Die frischen Kräuter geben den überbackenen Tomaten auf Bandnudeln eine besondere Würze.

ÜBERBACKENE TOMATEN AUF BANDNUDELN

Für 4 Portionen:

300 g grüne Bandnudeln
Salz
4 Tomaten
200 g Austernpilze
250 g Rinderhackfleisch
200 ml Schlagsahne
1 El Barbecuesauce
1/4 Bund Rosmarin
1/4 Bund Thymian
1/4 Bund Salbei
1/4 Bund Basilikum
Pfeffer aus der Mühle
Butter für die Form
125 ml Gemüsefond
aus dem Glas
100 g geriebener Edamer

1. Die Nudeln in kochendem Salzwasser bißfest garen. Inzwischen die Tomaten putzen, waschen, halbieren und aushöhlen. Die Austernpilze putzen, wenn nötig, kurz abbrausen und mit dem Schneidstab des Handrührers fein zerkleinern. Die Nudeln abgießen, abschrecken und abtropfen lassen.
2. Das Hackfleisch mit dem Pilzpüree, der Sahne und der Barbecuesauce vermischen. Die Kräuter waschen, trockenschütteln und fein hacken. Ein paar Kräuter zum Garnieren zurückbehalten.
3. 2 El Wasser und die Kräuter zu der Hackfleischmasse geben, alles gut verkneten und mit Salz und Pfeffer würzen. Die Tomatenhälften damit füllen.
4. Eine feuerfeste Form (2 l Inhalt) mit Butter ausfetten und die Bandnudeln hineingeben. Die gefüllten Tomaten daraufsetzen, den Gemüsefond angießen.
5. Im vorgeheizten Backofen bei 225°C (Gas Stufe 4/Umluft 200°C) auf der 2. Einschubleiste von unten ca. 15 Minuten backen, dann mit dem Käse bestreuen und weitere 5 Minuten überbacken. Mit Kräutern garniert servieren.

Zubereitungszeit: ca. 45 Minuten
Pro Portion ca. 2913 kJ/693 kcal,
30 g Eiweiß, 33 g Fett,
57 g Kohlenhydrate

Ein raffiniertes Gemüsegericht: Mangoldklöße mit Gorgonzola-Sauce.

Die Milch-Grieß-Mischung so lange rühren, bis ein dicker Brei entstanden ist.

Nach Zugabe der weichen Butter wird die Masse geschmeidig. Sie läßt sich besser verarbeiten.

Mit feuchten Händen Klöße formen und auf einem Arbeitsbrett bereit legen.

Die gegarten Klöße vorsichtig mit Hilfe einer Schaumkelle aus dem Wasser heben.

MANGOLDGRIESS-KLÖSSE MIT GOR-GONZOLA-SAUCE

Für 4 Portionen:

600 g Mangold
Salz
2 Zwiebeln
1 Knoblauch
4 Tomaten (ca. 250 g)
2 El Öl
1/4 l Instant-Gemüsebrühe
2 El Tomatenmark
400 g Gorgonzola
Pfeffer aus der Mühle
1/2 l Milch
200 g Hartweizengrieß
1 Eiweiß
1 El Butter
geriebene Muskatnuß
Kräuter zum Garnieren

1. Den Mangold putzen und waschen, die Blätter von den Stielen abschneiden. Blätter und Stiele in Streifen schneiden. Die Stiele in kochendem Salzwasser ca. 4 Minuten vorgaren. Die Blätter dazugeben, kalt abschrecken und alles weitere 2 Minuten zugedeckt garen. Das Gemüse abgießen und in einem Sieb abtropfen und abkühlen lassen.

2. Die Zwiebeln und den Knoblauch pellen und fein würfeln. Die Tomaten putzen, waschen, kreuzweise einritzen, kurz in siedendes Wasser tauchen, abschrecken, häuten, vierteln, entkernen und klein würfeln.

3. Das Öl in einem Topf erhitzen, Zwiebeln und Knoblauch darin glasig dünsten. Mit der Brühe ablöschen. Die Tomaten und das Tomatenmark dazugeben. Den Käse zerkleinern und unterrühren. Die Käsesauce 10 Minuten bei milder Hitze köcheln lassen. Mit Salz und Pfeffer abschmecken.

4. Die Milch aufkochen lassen. Den Grieß hineinrühren und bei reduzierter Hitze unter Rühren einkochen lassen. Den Topf vom Herd nehmen.

5. Mangold unterheben. Das Eiweiß verquirlen und mit der Butter mit dem Schneebesen unter den Grießbrei rühren. Mit Salz, Pfeffer und Muskat kräftig abschmecken.

6. Aus dem Teig 12 Klöße formen, in kochendes Salzwasser geben und bei milder Hitze ca. 7 Minuten ziehen lassen.

7. Die Klöße herausnehmen, abtropfen lassen und mit der Sauce auf Tellern anrichten. Mit Kräutern garniert servieren.

Zubereitungszeit: ca. 30 Minuten
Pro Portion ca. 3353 kJ/798 kcal,
41 g Eiweiß, 50 g Fett,
35 g Kohlenhydrate

BLUMENKOHLTOPF

Für 4 Portionen:

600 g Blumenkohl
200 g Kasseler
200 g Schnittkäse mit Kümmel
2 Zwiebeln
2 El Kapern
4 El Olivenöl
Salz
1 Tl Kümmel
geriebene Muskatnuß
100 ml helles Bier
200 ml Gemüsebrühe

1. Den Blumenkohl putzen, waschen, in Röschen teilen und die Hälfte der Blumenkohlröschen in einen Topf (3 l Inhalt) geben.
2. Das Kasseler in Würfel schneiden. Den Käse in Streifen schneiden. Die Zwiebeln pellen und würfeln.
3. Die Hälfte der Kasselerwürfel und 1 El Kapern auf den Blumenkohl verteilen. Darauf 1/3 des Käses legen. Nochmals eine Schicht Blumenkohl, Kasseler mit Kapern und ein weiteres Drittel des Käses einfüllen. Mit Salz, Kümmel und Muskat würzen.
4. Die Zwiebelwürfel auf dem Käse verteilen. Mit dem Öl beträufeln. Mit Salz, Kümmel und Muskat würzen und mit dem restlichen Käse belegen.
5. Das Bier und die Gemüsebrühe angießen.
6. Die Blumenkohl-Gemüse-Mischung im fest verschlossenen Topf zum Kochen bringen und bei schwacher Hitze ca. 45 Minuten garen.

Zubereitungszeit: ca. 1 Stunde
Pro Portion ca. 2173 kJ/517 kcal,
33 g Eiweiß, 34 g Fett,

Blumenkohl eimal anders zubereitet – mit deftigem Kasseler und herzhaftem Kümmelkäse.

BUNTE GEMÜSE-LASAGNE

Für 4 Portionen:

*450 g TK- Farmer-Gemüse
(Erbsen, Möhren, Blumen-
kohl, Mais)
Salz
1 Dose geschälte Tomaten
(480 g EW)
5 Lauchzwiebeln
je 2-3 Zweige Thymian und
Oregano
4 El Olivenöl
125 g Champignons
200 g Schmand
12 Lasagneblätter
(ca. 220 g)
Butter für die Form
200 g frisch geriebener
Parmesan*

1. Das Farmer-Gemüse in 1/8 l Salzwasser ca. 3 Minuten zugedeckt dünsten.
2. Die Tomaten entkernen und würfeln. 2 Lauchzwiebeln waschen, putzen und in Würfel schneiden.
3. Den Thymian und Oregano waschen, trockenschütteln und fein hacken.
4. 2 El Öl in einem Topf erhitzen. Die Lauchzwiebeln darin glasig dünsten. Tomaten und Kräuter dazugeben und ca. 10 Minuten dünsten.
5. Die Champignons putzen und in Scheiben schneiden. Die restlichen Lauchzwiebeln putzen, waschen und in dünne Scheiben schneiden.

6. Das restliche Öl in einem Topf erhitzen. Die übrigen Lauchzwiebeln darin glasig dünsten. Die Champignons dazugeben und ca. 3 Minuten dünsten. Den Schmand unterrühren.
7. Die Lasagneblätter in 1 l kochendes Salzwasser geben und ca. 3 Minuten darin garen. Anschließend herausnehmen, abschrecken und abtropfen lassen.
8. Eine feuerfeste Form (3 l Inhalt) mit Butter ausfetten.
9. Die Form mit Lasagneblätter auslegen. Die Hälfte der Tomatensauce darüber geben und mit einer Schicht Lasagneblätter abdecken. Die Hälfte des Farmer-Gemüses und die

Hälfte der Pilzsauce darübergeben. Mit 100 g Parmesan bestreuen und der nächsten Schicht Lasagneblätter abdecken. Die restliche Tomatensauce darüber geben und wieder mit Lasagneblättern abdecken. Das Gemüse und die Pilzsauce darübergeben. Mit dem restlichen Parmesan bestreuen.
10. Die Lasagne im vorgeheizten Backofen bei 200° C (Gas Stufe 3/Umluft 180°C) auf der 2. Einschubleiste von unten ca. 40 Minuten backen.

Zubereitungszeit:
ca. 1 1/4 Stunden
Pro Portion ca. 3055 kJ/727 kcal,
30 g Eiweiß, 41 g Fett,
48 g Kohlenhydrate

SPARGELPLATTE MIT KÄSE-PESTO

Für 4 Portionen:

400 g weißer Spargel
400 g grüner Spargel
Salz
Zucker
50 g Kürbiskerne
2 Bund Basilikum
100 g fein geriebener alter Gouda
2 Knoblauchzehen
Pfeffer aus der Mühle
8 El Distelöl
75 g gekochter Schinken
75 g roher Schinken

1. Den Spargel putzen, waschen und schälen (den grünen Spargel nur am unteren Ende schälen) und weißen und grünen Spargel getrennt in reichlich kochendes Salzwasser mit etwas Zucker geben. Bei mittlerer Hitze den grünen Spargel ca. 12, den weißen ca. 16 Minuten garen.

2. Die Kürbiskerne fein mahlen oder hacken. Das Basilikum waschen, trockenschütteln und, bis auf einen kleinen Rest zum Garnieren, fein hacken.

3. Gemahlene Kürbiskerne, Basilikum und geriebenen Käse in eine kleine Schüssel geben, die Knoblauchzehen pellen und dazupressen, alles vermischen und mit Salz und Pfeffer würzen. Das Öl unterrühren.

4. Den Spargel mit einer Schaumkelle aus dem Topf nehmen, abtropfen lassen und zusammen mit dem gekochten und dem rohen Schinken auf einer Platte anrichten. Das Pesto über den Spargel verteilen, mit Basilikum garnieren und sofort servieren. Dazu passen Salzkartoffeln.

Zubereitungszeit: ca. 40 Minuten
Pro Portion ca. 2745 kJ/653 kcal,
32 g Eiweiß, 54 g Fett,
8 g Kohlenhydrate

Von der italienischen Küche inspiriert: Spargel grün-weiß mit Pesto.

ÜBERBACKENER BROKKOLI MIT ROQUEFORTSAHNE

Für 4 Portionen:

500 g Brokkoli
Salz
100 g Butter
100 g Roquefort
100 ml Schlagsahne
100 ml trockener Weißwein
1 g gemahlener Safran
1 Eigelb
Pfeffer aus der Mühle
1 El Zitronensaft

1. Den Brokkoli putzen, waschen und in kleine Röschen teilen. In wenig kochendem Salzwasser ca. 8 Minuten garen.
2. Inzwischen die Butter in einem Topf zerlassen. Den Roquefort in kleine Stücke schneiden. Die Sahne und den Roquefort dazugeben und den Käse unter Rühren bei milder Hitze schmelzen lassen. Weißwein und Safran unterrühren und die Sauce kurz aufkochen lassen. Den Topf vom Herd nehmen und das Eigelb unterrühren. Die Roquefort-Sahne mit Salz, Pfeffer und Zitronensaft abschmecken.
3. Den Brokkoli abgießen, abschrecken und abtropfen lassen. Die Brokkoli-Röschen in 4 Gratinförmchen geben und die Roquefort-Sahne darauf verteilen. Im vorgeheizten Backofen bei 200°C (Gas Stufe 3/Umluft 180°C) auf der 2. Einschubleiste von unten 5-6 Minuten überbacken. Sofort servieren.

Zubereitungszeit: ca. 20 Minuten
Pro Portion ca. 1802 kJ/429 kcal,
11 g Eiweiß, 37 g Fett,
5 g Kohlenhydrate

Der Roquefort gibt diesem Gemüsegratin seine besondere Würze.

Der Pecorino rundet das Gemüsegericht mit der sahnigen Pilzsauce pikant ab.

SPITZKOHL MIT STEINPILZEN UND PECORINO

Für 4 Portionen:

30 g getrocknete Steinpilze
1 Bund Petersilie
1 Zwiebel
2 El Butter
150 g Crème double
Salz
Pfeffer aus der Mühle
700 g Spitzkohl
200 g Fleischtomaten
100 g geriebener Pecorino
(italienischer Hartkäse)

1. Die Steinpilze in 125 ml kaltem Wasser ca. 30 Minuten einweichen. Die Petersilie waschen, trockenschütteln und, bis auf einen kleinen Rest zum Garnieren, kleinhacken. Die Zwiebel pellen und in Würfel schneiden.
2. Die Butter in einer Pfanne erhitzen und die Zwiebelwürfel darin glasig dünsten. Petersilie und ausgedrückte Steinpilze dazugeben und andünsten. Mit dem Einweichwasser der Steinpilze ablöschen und die Crème double unterrühren. Mit Salz und Pfeffer würzen. Alles bei milder Hitze zugedeckt ca. 5-10 Minuten köcheln lassen.
3. Den Spitzkohl putzen, waschen, vierteln und den Strunk herausschneiden. Den Kohl in reichlich kochendem Salzwasser ca. 15 Minuten garen.
4. Inzwischen die Tomaten waschen, kreuzweise einritzen, kurz in siedendes Wasser tauchen, abschrecken, häuten, vierteln, entkernen und in Würfel schneiden. Die Tomatenwürfel in die Steinpilzsauce geben und kurz aufkochen lassen.
5. Den Spitzkohl abgießen, abtropfen lassen und auf einer Platte anrichten. Die Sauce darübergießen, mit Pecorino und Petersilie bestreuen und sofort servieren. Dazu passen Kartoffelkroketten.

Zubereitungszeit: ca. 45 Minuten
Pro Portion ca. 1452 kJ/345 kcal,
14 g Eiweiß, 25 g Fett,
11 g Kohlenhydrate

Eine originelle Alternative zu gegrilltem Fleisch: Bunte Gemüsespieße mit Käse.

BUNTE GEMÜSE-SPIESSE MIT KÄSE

Für 4 Portionen:
2 rote Paprikaschoten
2 Zucchini (ca. 400 g)
Salz
1 Glas Artischockenherzen
(345 g EW)
100 g Frühstücksspeck in
Scheiben
400 g mittelalter Gouda
2 El Öl
Pfeffer aus der Mühle

1. Die Paprikaschoten putzen, waschen und in grobe Stücke schneiden. Die Zucchini putzen, waschen und in ca. 1 cm dicke Scheiben schneiden. Das Gemüse getrennt jeweils ca. 3 Minuten in kochendem Salzwasser blanchieren und abschrecken.
2. Die Artischockenherzen abtropfen lassen und mit je 1 Scheibe Frühstücksspeck umwickeln. Den Käse anschließend in Würfel schneiden.
3. Paprika und Zucchini abgießen und in einem Sieb abtropfen lassen. Alle Zutaten abwechselnd auf Spieße stecken, mit Öl bestreichen und mit Salz und Pfeffer würzen.
4. Auf dem heißen Grill rundherum ca. 5 Minuten grillen, bis der Käse beginnt, weich zu werden. Auf Tellern anrichten und sofort servieren. Baguette dazu reichen.

Zubereitungszeit: ca. 20 Minuten
Pro Portion ca. 2254 kJ/536 kcal,
31 g Eiweiß, 37 g Fett,
10 g Kohlenhydrate

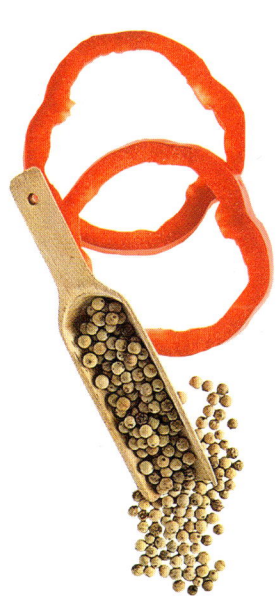

Die Fenchel-
knollen mit einer
Schaumkelle in
kochendes, leicht
gesalzenes
Wasser geben.

Die Fenchelknolle
mit einem spitzen
Messer bis auf
einen Rand von
ca. 1/2 cm aus-
höhlen. Das Inne-
re anschließend
in kleine Stücke
schneiden.

FENCHELKNOLLEN MIT FRUCHTIGER KÄSEFÜLLUNG

Für 4 Portionen:

4 Fenchelknollen (ca. 800g)
2 Mangos
300 g reifer Brie
Salz
100 g Macadamia-Nüsse
Pfeffer aus der Mühle

1. Den Fenchel putzen und waschen. Das Fenchelgrün zum Garnieren zurückbehalten. Die Fenchelknollen in wenig Salzwasser ca. 10 Minuten vorgaren. Abgießen und abtropfen lassen.
2. Von den Fenchelknollen einen Deckel abschneiden und das Innere wie links beschrieben aushöhlen.
3. Die Mangos schälen, halbieren, das Fuchtfleisch in Spalten vom Kern, dann in Würfel schneiden. Die Hälfte der Mangowürfel und den in Stücke geschnittenen Brie in eine Schüssel geben und mit dem Schneidstab des Handrührers pürieren. Die restlichen Mangowürfel und die Fenchelstücke unterheben. Mit Salz abschmecken.
4. Die Fenchelknollen mit der Mango-Käse-Masse füllen. Die Macadamia-Nüsse fein hacken und die Fenchelknollen damit bestreuen. Mit Pfeffer würzen.
5. Die Fenchelknollen auf ein mit Backpapier ausgelegtes Backblech setzen und im vorgeheizten Backofen bei 200°C (Gas Stufe 3/Umluft 180°C) auf der 2. Einschubleiste von unten ca. 10 Minuten backen.
6. Nach Ende der Backzeit die Fenchelknollen auf einer Platte anrichten und mit dem Fenchelgrün garniert servieren.

Zubereitungszeit: ca. 35 Minuten
Pro Portion ca. 2334 kJ/555 kcal,
21 g Eiweiß, 36 g Fett,
29 g Kohlenhydrate

KOHLRABI MIT KÄSE-HACKFLEISCH-FÜLLUNG

Für 4 Portionen:

4-6 Kohlrabi (ca. 800 g)
Salz
1 große Zwiebel
250 g gemischtes Hack-fleisch
Pfeffer aus der Mühle
1 Tl Kümmel
1 Msp. geriebene Muskatnuß
1 Msp. gemahlener Koriander
100 g Blauschimmelkäse, z. B. Gorgonzola
2 El frisch geriebener Parmesan
Kräuter zum Garnieren

1. Die Kohlrabi putzen, schälen und in leicht gesalzenem Wasser zugedeckt ca. 7 Minuten vorgaren.
2. Die Zwiebel pellen, in Würfel schneiden und mit dem Hackfleisch mischen. Mit den Gewürzen abschmecken. Den Käse kleinschneiden und ebenfalls zu der Hackfleischmasse geben.
3. Die Kohlrabi abgießen, abtropfen lassen, jeweils einen Deckel abschneiden und mit einem Teelöffel die Kohlrabi vorsichtig aushöhlen. Das Innere der Kohlrabi fein hacken, zur Hackfleischmasse geben.
4. Die ausgehöhlten Kohlrabi mit der Hackfleischmasse füllen, mit Parmesan bestreuen, die Deckel aufsetzen und jeweils in Alufolie wickeln. Im vorgeheizten Backofen bei 200°C (Gas Stufe 3/Umluft 180°C) auf der 2. Einschubleiste von unten 15-20 Minuten backen.
5. Die Alufolie entfernen, die Kohlrabi auf Tellern anrichten, die Deckel aufsetzen und mit Kräutern garniert servieren.

Zubereitungszeit: ca. 40 Minuten
Pro Portion ca. 1535 kJ/365 kcal, 23 g Eiweiß, 23 g Fett, 9 g Kohlenhydrate

Schnell und einfach zubereitet: Kohlrabi mit würziger Gorgonzola-Hackfleisch-Füllung.

PAPRIKASCHOTEN MIT PIKANTER REISFÜLLUNG

Für 4 Portionen:

200 g Vollkornreis
Salz
2 rote Paprikaschoten
1 Bund Lauchzwiebeln
100 g Salami im Stück
2 El Öl
150 ml Instant-Gemüse-
brühe
3 El Frischkäse
Pfeffer aus der Mühle
Paprikapulver
100 g geraspelter Emmen-
taler
1 Bund Petersilie

1. Den Reis in reichlich kochendem Salzwasser in ca. 30 Minuten gar kochen. Inzwischen die Paprika-schoten der Länge nach halbieren, putzen, entker-nen und waschen. Die Lauchzwiebeln putzen, waschen und in Ringe schneiden. Die Salami häuten und würfeln.
2. Das Öl in einer Pfanne erhitzen und die Lauch-zwiebeln darin glasig dün-sten. Mit 50 ml Brühe ablö-schen und weitere 3 Minu-ten dünsten. Den Frischkä-se unterrühren und dann alles mit Salz, Pfeffer und Paprikapulver pikant ab-schmecken.

3. Den Reis abgießen, ab-tropfen lassen und mit den Salamiwürfeln zu den Zwiebeln geben. Alles ver-mischen.
4. Die Paprikahälften mit der Reis-Mischung füllen und mit dem geraspelten Emmentaler bestreuen. Die Paprikaschoten in eine feuerfeste Form (ca. 3 l In-halt) setzen und die restli-che Brühe angießen.
5. Die Petersilie waschen, trockenschütteln, bis auf einen kleinen Rest zum Garnieren grob hacken und in die Brühe streuen. Die Paprikaschoten im vor-geheizten Backofen bei 200°C (Gas Stufe 3/Umluft

180°C) auf der 2. Ein-schubleiste von unten 15-20 Minuten garen. Mit der restlichen Petersilie bestreut servieren.

Zubereitungszeit: ca. 50 Minuten
Pro Portion ca. 2222 kJ/529 kcal,
22 g Eiweiß, 25 g Fett,
44 g Kohlenhydrate

Dekorativ und schmackhaft: Paprikaschoten mit pikanter Reisfüllung, überbacken mit Emmentaler.

GEMÜSE-TACOS MIT KÄSE-KRÄUTER-CREME

Für 4 Portionen:

100 g Zuckerschoten
100 g Zucchini
200 g Möhren
100 g Kohlrabi
Salz
100 g reifer Gorgonzola
150 g Frischkäse
100 g Joghurt
1 Tl geriebener Meerrettich
Pfeffer aus der Mühle
1/2 Bund Kerbel
1/2 Bund Estragon
4 Taco-Schalen
(Fertigprodukt)

1. Die Zuckerschoten und die Zucchini waschen und putzen. Möhren und Kohlrabi putzen, schälen und in Streifen schneiden. Die Zucchini ebenfalls in Streifen schneiden.

2. Möhren und Kohlrabi getrennt ca. 10 Minuten in leicht gesalzenem Wasser kochen. Die Zuckerschoten ebenfalls in leicht gesalzenem Wasser ca. 5 Minuten und die Zucchinistreifen ca. 2 Minuten garen. Das Gemüse kalt abschrecken und abtropfen lassen.

3. Den Gorgonzola kleinschneiden. Den Frischkäse mit dem Gorgonzola in eine Schüssel geben und mit dem Joghurt glattrühren. Die Käsecreme mit Meerrettich, Salz und Pfeffer pikant abschmecken.

4. Kerbel- und Estragonblätter abzupfen und, bis auf einen kleinen Rest zum Garnieren, kleinhacken. Die Kräuter unter die Käsecreme heben.

5. Die Taco-Schalen mit dem Gemüse und der Käsecreme füllen und im Backofen bei 180°C (Gas Stufe 2/Umluft 160°C) auf der 2. Einschubleiste von unten ca. 5 Minuten erwärmen. Auf Tellern anrichten und servieren.

Zubereitungszeit: ca. 45 Minuten
Pro Portion ca. 2353 kJ/560 kcal, 52 g Eiweiß, 27 g Fett, 1 4 g Kohlenhydrate

Gemüse-Tacos mit Käse-Kräuter-Creme sind ein ideales Gästeessen, das prima vorbereitet werden kann.

FLEISCHGERICHTE

Ob mit Käse gefüllt, überbacken oder knusprig paniert
– bei diesen Fleisch- und
Geflügelgerichten sorgt der
Käse stets für den besonderen
Pfiff. Lassen Sie sich auf den
nächsten Seiten zu außerge-
wöhnlichen Geschmacks-
erlebnissen verführen.

HÄHNCHENBRUST MIT KÄSEHAUBE

Für 4 Portionen:

1 kg Spitzkohl
1 Zwiebel
30 g Butter
Salz
Pfeffer aus der Mühle
1 Prise Zucker
4 Hähnchenbrustfilets
(à ca. 200 g)
3 El Olivenöl
Fett für die Form
4 Scheiben gekochter
Schinken
4 Scheiben Edamer
(à ca. 30 g)
Paprikapulver
Kräuter zum Garnieren

1. Den Spitzkohl putzen und waschen. Die Zwiebel pellen und in Würfel schneiden. Die Butter in einem Topf erhitzen und die Zwiebelwürfel darin glasig dünsten. Den Spitzkohl dazugeben und zugedeckt ca. 15 Minuten dünsten. Mit Salz, Pfeffer und Zucker würzen.

2. Inzwischen die Hähnchenbrustfilets waschen, trockentupfen, mit Salz und Pfeffer würzen. Das Öl in einer Pfanne erhitzen und die Hähnchenbrustfilets darin ca. 5 Minuten von beiden Seiten braten.

3. Eine feuerfeste Form (3l Inhalt) ausfetten und den gegarten Spitzkohl einfüllen. Die Hähnchenbrustfilets darauf verteilen.

4. Die Hähnchenbrustfilets zuerst mit dem Schinken, dann mit dem Käse belegen und im vorgeheizten Backofen bei 200°C (Gas Stufe 3/Umluft 180°C) ca. 5 Minuten auf der 2. Einschubleiste von unten überbacken, bis der Käse geschmolzen ist. Mit Paprikapulver und Kräutern bestreut servieren. Dazu passen Folienkartoffeln.

Zubereitungszeit: ca. 30 Minuten
Pro Portion ca. 2468 kJ/587 kcal,
60 g Eiweiß, 30 g Fett,
7 g Kohlenhydrate

Zarter Spitzkohl mit überbackenen Hähnchenbrustfilets – ein feiner Genuß.

ÜBERBACKENE KALBSKOTELETTS

Für 4 Portionen:
1 kleiner Knollensellerie
(ca. 350 g)
2 Äpfel
1 El Zitronensaft
4 Kalbskoteletts
(á ca. 200 g)
Salz
Pfeffer aus der Mühle
3 El Sonnenblumenöl
250 ml Apfelwein
200 g Roquefort
125 g Crème double
1 Prise brauner Zucker
1/2 Bund Petersilie

1. Den Sellerie schälen, waschen und in Scheiben schneiden. Die Äpfel schälen, vierteln, entkernen und in Scheiben schneiden. Beides sofort mit etwas Zitronensaft beträufeln.
2. Die Kalbskoteletts waschen, trockentupfen und von beiden Seiten mit Salz und Pfeffer würzen. Das Öl in einer Pfanne erhitzen und das Fleisch darin von jeder Seite braun anbraten.
3. Die Selleriescheiben und 200 ml Apfelwein dazugeben und die Koteletts zugedeckt bei milder Hitze 8-10 Minuten schmoren lassen.
4. Die Koteletts aus der Pfanne nehmen und trockentupfen. Den Käse kleinschneiden, mit einer Gabel zerdrücken und mit dem restlichen Apfelwein cremig rühren. Die Kalbskoteletts mit der Käsecreme bestreichen, in eine feuerfeste Form legen und im vorgeheizten Backofen bei 200°C (Gas Stufe 3/Umluft 180°C) 5-8 Minuten überbacken.
5. Inzwischen die Äpfel in die Pfanne zu dem Sellerie geben und 5 Minuten mitschmoren. Crème double unterrühren, mit Salz, Pfeffer und braunem Zucker abschmecken.
6. Die Petersilie waschen, trockenschütteln und kleine Sträußchen abzupfen. Die Kalbskoteletts aus dem Backofen nehmen, mit der Gemüsesauce auf Tellern anrichten und mit der Petersilie garniert servieren.

Zubereitungszeit: ca. 30 Minuten
Pro Portion ca. 2882 kJ/686 kcal,
53 g Eiweiß, 38 g Fett,
14 g Kohlenhydrate

SCHINKENBRATEN IM KARTOFFEL-KÄSE-TEIG

Für 4 Portionen:
1 kg Schinkenbraten
Salz
2 Lorbeerblätter
2 Nelken
250 g Kartoffeln
90 g durchwachsener Speck
3 Zwiebeln
1 El Mehl
375 ml Rotwein
200 g Greyerzer
20 g Butter
1 Ei
1 Eigelb
1 Bund glatte Petersilie
Pfeffer aus der Mühle
Fett für die Form
1 Tl Saucenbinder

1. Das Fleisch trockentupfen. 2 l Wasser mit 1 Tl Salz, Lorbeerblättern und Nelken aufkochen. Das Fleisch hineingeben und 1 1/2-2 Stunden bei milder Hitze zugedeckt garen.
2. Inzwischen die Kartoffeln mit der Schale in wenig Salzwasser ca. 20 Minuten kochen. Den Speck in Würfel schneiden. Die Zwiebeln pellen und ebenfalls würfeln.
3. Das Fleisch aus der Brühe nehmen (die Brühe beiseite stellen), abtropfen lassen und mit Küchenpapier trockentupfen. Den Speck in einer großen Kasserolle auslassen, die Zwiebeln dazugeben und das Fleisch in dem heißen Fett von allen Seiten braun

braten. Das Fleisch herausnehmen und warm stellen.
4. Die Kartoffeln abschrecken, pellen und auf einer Küchenreibe reiben.
5. Die Speck-Zwiebel-Mischung mit dem Mehl bestäuben und kurz anrösten. Dem Rotwein und 375 ml Fleischbrühe angießen, aufkochen und ca.5 Minuten köcheln lassen.
6. Den Käse raspeln und mit der Kartoffelmasse verrühren. Das Ei und das Eigelb dazugeben. Die Petersilie waschen, trockenschütteln und fein hacken. Etwas Petersilie zum Garnieren beiseite legen.
7. Käse, Ei, Eigelb und gehackte Petersilie unter die Kartoffel-Käse-Masse

kneten, mit Pfeffer würzen. Das Fleisch mit der Kartoffelmasse umhüllen. In eine gefettete Form geben und im vorgeheizten Backofen bei 250°C (Gas Stufe 6/Umluft 225°C) auf der 2. Einschubleiste von unten ca. 5-10 Minuten goldbraun überbacken.
8. Die Sauce aufkochen lassen und mit Saucenbinder andicken. Mit Salz und Pfeffer abschmecken.
9. Das Fleisch mit der Sauce auf einer Platte anrichten und mit Petersilie garniert servieren.

Zubereitungszeit:
ca. 2 1/2 Stunden
Pro Portion ca. 3368 kJ/802 kcal,
72 g Eiweiß, 38 g Fett,
14 g Kohlenhydrate

Schinkenbraten im Kartoffel-Käseteig: Genau das Richtige für ein Schlemmermenü.

Schmeckt nicht nur zur Osterzeit: Lammkeule mit Käse-Kräuter-Füllung.

LAMMKEULE MIT KÄSE-KRÄUTER-FÜLLUNG

Für 4 Portionen:

1 Bund Schnittlauch
1 Bund Petersilie
200 g Schafskäse
800 g entbeinte Lamm-
keule (beim Metzger vorbestellen)
Salz
Pfeffer aus der Mühle
5 El Olivenöl
250 ml Gemüsefond
aus dem Glas
250 ml Rotwein
250 g Möhren
250 g Staudensellerie
30 g Butter
150 g Crème fraîche

1. Die Kräuter waschen, trockenschütteln und fein hacken. Etwas Petersilie zum Garnieren zurückbehalten. Den Käse zerbröseln und mit den gehackten Kräutern mischen.
2. Die Lammkeule waschen, trockentupfen und von innen mit Salz und Pfeffer würzen. Die Käse-Kräuter-Masse einfüllen. Die Lammkeule mit Küchengarn umwickeln und in Folie gewickelt 1 Tag in den Kühlschrank legen.
3. Am nächsten Tag die Lammkeule salzen, pfeffern und in einen gefetteten Bräter legen. Mit heißem Öl übergießen und im vorgeheizten Backofen bei 220°C (Gas Stufe 3/Umluft 180°C) auf der 2. Einschubleiste von unten ca. 1 1/2 Stunden zugedeckt schmoren. Nach ca. 20 Minuten etwas Gemüsefond angießen. Während des Garens mehrmals Flüssigkeit angießen, bis der Gemüsefond und 125 ml Rotwein aufgebraucht sind.
4. Inzwischen die Möhren putzen, schälen und in Scheiben schneiden. Den Staudensellerie waschen,

putzen und ebenfalls in Scheiben schneiden.
5. Die Butter in einem Topf erhitzen und das Gemüse darin zugedeckt 5-10 Minuten dünsten. Mit Salz und Pfeffer würzen.
6. Nach Ende der Garzeit die Lammkeule aus dem Bräter nehmen und warm stellen. Den Bratenfond mit dem restlichen Rotwein loskochen. Die Crème fraîche unterrühren und die Sauce sämig einkochen lassen. Mit Salz und Pfeffer abschmecken.
7. Das Fleisch in Scheiben schneiden und auf Tellern mit dem Gemüse und der Sauce anrichten. Mit Petersilie garniert servieren. Dazu passen Salzkartoffeln.

Zubereitungszeit (ohne Kühlzeit): ca. 2 Stunden
Pro Portion ca. 4145 kJ/987 kcal, 49 g Eiweiß, 74 g Fett, 7 g Kohlenhydrate

Die Lammkeule unter fließendem Wasser abspülen.

Das Fleisch etwas auseinanderziehen und die Käse-Kräuter-Masse mit einem Eßlöffel einfüllen.

Das Küchengarn fest um das Fleisch wickeln, um ein Austreten der Füllung zu verhindern.

Durch das Einschlagen in Alufolie intensiviert sich das Aroma während der Kühlzeit.

HÄHNCHEN-KEULEN MIT KÄSE-SCHINKEN-SAUCE

Für 4 Portionen:

200 g braune Champignons
2 Zwiebeln
100 g gekochter Schinken
1 Bund Estragon
4 Hähnchenkeulen
(ca. 800 g)
Salz
Pfeffer aus der Mühle
4 El Sonnenblumenöl
1/4 l Geflügelfond (aus dem Glas)
1/8 l Portwein
100 g Ziegenfrischkäse
150 g Crème fraîche
Salz
Pfeffer aus der Mühle
Paprikapulver edelsüß

1. Die Champignons putzen und in Scheiben schneiden. Die Zwiebeln pellen und würfeln. Den Schinken in Streifen schneiden. Den Estragon waschen, trockenschütteln und die Blättchen abzupfen. Ein paar Zweige zum Garnieren zurückbehalten.
2. Die Hähnchenkeulen waschen, trockentupfen, dann mit Salz und Pfeffer würzen.
3. Das Öl in einem Bräter erhitzen und die Hähnchenkeulen darin rundherum goldbraun anbraten.

4. Champignons, Zwiebeln, Schinken und Estragon zu den Hähnchenkeulen geben und ca. 5 Minuten im geschlossenen Topf schmoren lassen.
5. Den Geflügelfond dazugeben und das Fleisch im vorgeheizten Backofen bei 200°C (Gas Stufe 3/Umluft 180°C) auf der 2. Einschubleiste von unten 1-11/2 Stunden im geschlossenen Bräter schmoren lassen.

6. Nach Ende der Garzeit die Hähnchenkeulen herausnehmen und warm stellen. Den Fond kurz aufkochen lassen und den Portwein dazugießen. Die Sauce etwas einkochen lassen und den Ziegenfrischkäse unterrühren.
7. Die Crème fraîche unter die Sauce rühren und mit Salz, Pfeffer und Paprika abschmecken.
8. Die Hähnchenkeulen mit der Sauce auf Tellern anrichten und mit Estragon garniert servieren. Dazu passen Bandnudeln.

Zubereitungszeit:
ca. 1 3/4 Stunden
Pro Portion ca. 3811 kJ/907 kcal,
50 g Eiweiß, 58 g Fett,
17 g Kohlenhydrate

Dieses Schmorgericht erhält durch das Koriandergrün eine besondere Würze.

KALBSHAXE MIT KORIANDERGRÜN

Für 4 Portionen:
1 Kalbshaxe in Scheiben
(ca. 1 kg)
Salz
Pfeffer aus der Mühle
1 Bund Koriandergrün
3 Zwiebeln
4 El Öl
1/4 l trockener Weißwein
4 Tomaten
1/4 l Instant-Fleischbrühe
500 g Staudensellerie
100 g geriebener Emmentaler

1. Das Fleisch mit Salz und Pfeffer würzen. Das Koriandergrün waschen, trockenschütteln und fein hacken. Einige Korianderblättchen zum Garnieren beiseite legen. Das Fleisch mit der Hälfte des gehackten Koriander einreiben.
2. Die Zwiebeln pellen und in Ringe schneiden. Das Öl in einem Bräter erhitzen und das Fleisch darin portionsweise rundherum anbraten.
3. Die Zwiebeln mit dem Fleisch kurz anrösten. Mit dem Wein ablöschen.
4. Die Tomaten kreuzweise einritzen, kurz in siedendes Wasser tauchen, her

ausnehmen, häuten, vierteln, entkernen und in Würfel schneiden. Die Tomatenwürfel zum Fleisch geben. Die Fleischbrühe dazugießen und das Fleisch ca. 40 Minuten im geschlossenen Topf bei mittlerer Hitze schmoren lassen.
5. Inzwischen den Staudensellerie putzen, waschen und in dünne Scheiben schneiden. Das Gemüse nach ca. 20 Minuten Garzeit zum Fleisch geben und mitschmoren.
6. Nach Ende der Garzeit das Kalbfleisch und den Staudensellerie herausnehmen und warm stellen.

7. Den Fond kurz aufkochen lassen und das restliche Koriandergrün und den geriebenen Käse unterrühren. Die Sauce mit Salz und Pfeffer abschmecken.
8. Das Fleisch mit der Sauce auf Tellern anrichten und mit Koriandergrün garniert servieren.

Zubereitungszeit:
ca. 1 1/4 Stunden
Pro Portion ca. 2754 kJ/655 kcal,
61 g Eiweiß, 33 g Fett,
7 g Kohlenhydrate

Ein herzhaft-delikates Vergnügen: Rinderrouladen, gefüllt mit Hackfleisch und Käse.

RINDERROULADEN MIT TOMATEN-SAUCE

Für 4 Portionen:

4 Rinderrouladen
(à ca. 200 g)
Salz
Pfeffer aus der Mühle
4 Scheiben Emmentaler
(à ca. 30 g)
2 Zwiebeln
2 Knoblauchzehen
250 g gemischtes Hack-
fleisch
150 g Gewürzgurken
1 Ei
1/2 Bund Oregano
1/2 Bund glatte Petersilie
6 El Öl
200 ml trockener Rotwein
1 kg Fleischtomaten
1 Bund Basilikum
1 Prise Zucker
30 g geriebener Emmen-
taler

1. Die Rouladen mit Salz und Pfeffer würzen und mit je 1 Scheibe Emmentaler belegen.

2. 1 Zwiebel und 1 Knoblauchzehe pellen, würfeln und mit dem Hackfleisch vermengen. Die Gewürzgurken in feine Würfel schneiden, mit dem Ei unter die Hackfleischmasse kneten.

3. Oregano und Petersilie waschen, trockenschütteln und fein hacken. Ebenfalls unter die Hackfleischmasse kneten. Mit Salz und Pfeffer würzen.

4. Die Hackfleischmasse auf die mit Käse belegten Rinderrouladen verteilen, die Rouladen zusammenrollen und mit Küchengarn umwickeln.

5. 4 El Öl in einem Schmortopf erhitzen und die Rouladen darin rundherum braun anbraten.

Den Rotwein angießen und die Rouladen zugedeckt bei milder Hitze ca. 1 1/4 Stunden schmoren lassen. Während des Garens mehrmals wenden.

6. Inzwischen die Tomaten putzen, kreuzweise einritzen, kurz in siedenes Wasser tauchen, abschrecken, häuten, in grobe Stücke schneiden und durch ein Sieb passieren.

7. Die restliche Zwiebel und Knoblauchzehe pellen und fein würfeln.

8. Das restliche Öl in einem Topf erhitzen und Zwiebel- und Knoblauchwürfel darin glasig dünsten. Das Basilikum, bis auf ein paar Blättchen zum Garnieren, fein hacken.

9. Die passierten Tomaten und das Basilikum dazu geben. Mit Salz, Pfeffer und Zucker abschmecken. Die Sauce ca. 10 Minuten

zugedeckt bei milder Hitze köcheln lassen. Zum Schluß den geriebenen Käse unterrühren.

10. Die Rouladen aus dem Topf nehmen, mit der Tomatensauce auf Tellern anrichten und mit Basilikum garniert servieren. Dazu paßt Reis.

Zubereitungszeit:
ca. 1 3/4 Stunden
Pro Portion ca. 4515 kJ/1075 kcal,
77 g Eiweiß, 68 g Fett,
12 g Kohlenhydrate

Hähnchenbrustfilets in einer raffinierten Panade mit Parmesan.

HÄHNCHBRUST-FILETS MIT TOMATENSAUCE

Für 4 Portionen:

400 g Fleischtomaten
1/2 Bund Basilikum
1/2 Bund Thymian
100 ml Instant-Gemüse-
brühe
Salz
Pfeffer aus der Mühle
4 Hähnchenbrustfilets
(800 g)
40 g frisch geriebener
Parmesan
2 Eier
2 El Mehl zum Wenden
3 El Öl

1. Die Tomaten putzen, kreuzweise einritzen, kurz in siedenes Wasser tauchen, abschrecken, häuten, vierteln, entkernen und würfeln. Die Kräuter waschen, trockenschütteln und, bis auf einen kleinen Rest zum Garnieren, fein hacken.
2. Die Brühe aufkochen lassen, die Tomatenwürfel hineingeben, mit Salz und Pfeffer würzen. Die gehackten Kräuter unterrühren. Die Sauce etwas einkochen lassen.
3. Die Hähnchenbrustfilets waschen, trockentupfen, mit Salz und Pfeffer würzen.
4. Den Parmesan mit den Eiern verrühren. Die Hähnchenbrustfilets zunächst in der Ei-Käse-Masse, dann in dem Mehl wenden.
5. Das Öl in einer Pfanne erhitzen und die Hähnchenbrustfilets darin von jeder Seite ca. 5 Minuten braten.
6. Die Hähnchenbrustfilets mit der Tomatensauce auf Tellern anrichten und mit Kräutern garniert servieren. Dazu paßt Vollkornreis.

Zubereitungszeit: ca. 20 Minuten
Pro Portion ca. 1935 kJ/460 kcal,
57 g Eiweiß, 19 g Fett,
6 g Kohlenhydrate

ENTENTOPF MIT GEMÜSE UND KÄSE

Für 4 Portionen:

500 g Entenbrust
50 ml Sojasauce
4 El Sonnenblumenöl
Salz
Pfeffer aus der Mühle
400 g Steckrüben
300 g Möhren
300 g Porree
200 g Frischkäse
(Doppelrahmstufe)
Currypulver
Kräuter zum Garnieren

1. Das Fleisch waschen, trockentupfen und in Streifen schneiden. Die Sojasauce mit 2 El Öl, Salz und Pfeffer verrühren. Das Fleisch in der Marinade zugedeckt ca. 2 Stunden ziehen lassen.

2. Steckrüben, Möhren und Porree putzen und waschen. Die Steckrüben und die Möhren schälen und in Stifte schneiden. Den Porree in feine Ringe schneiden.

3. 2 l leicht gesalzenes Wasser zum Kochen bringen und die Möhren und Steckrüben darin zugedeckt ca. 10 Minuten garen. Nach 7 Minuten den Porree dazugeben.

4. Das Gemüse in einem Sieb abtropfen lassen. Das Entenfleisch aus der Marinade nehmen und trockentupfen.

5. Das restliche Öl in einer Pfanne erhitzen und das Entenfleisch darin portionsweise rasch anbraten. Das Gemüse hinzufügen und alles unter Rühren weitere 3 Minuten braten.

6. Den Frischkäse und 2 El Marinade unterrühren, mit Curry und Salz abschmecken. Mit Kräutern garniert servieren. Dazu passen Salzkartoffeln.

Zubereitungszeit (ohne Marinierzeit): ca. 35 Minuten
Pro Portion ca. 2547 kJ/606 kcal, 32 g Eiweiß, 43 g Fett, 13 g Kohlenhydrate

Einfach und schnell zubereitet: Ententopf mit buntem Gemüse und Frischkäse.

SCHWEINE-KOTELETT "PICCATA"

Für 4 Portionen:

*4 Schweinekoteletts
(à ca. 200 g)
Salz
Pfeffer aus der Mühle
1 Ei
100 g junger Gouda
2 El gemahlene Haselnuß-
kerne
1 Chilischote
1 Bund Frühlingszwiebeln
1 Knoblauchzehe
4 El Öl
200 g Tomatenpüree
(Fertigprodukt)
Zucker
Kräuter zum Garnieren*

1. Die Koteletts mit Salz und Pfeffer würzen.
2. Das Ei verquirlen und die Koteletts darin wenden. Den Käse reiben und mit den Nüssen mischen. Die Koteletts in der Panade wenden.
3. Die Chilischote putzen, entkernen, waschen und fein hacken. Die Frühlingszwiebeln putzen, waschen und in Ringe schneiden. Die Knoblauchzehe pellen und durchpressen. Das Ganze unter Rühren in 1 El Öl ca. 5 Minuten dünsten. Das Tomatenpüree unterrühren und ca. 5 Minuten leicht köcheln lassen. Die Sauce mit Salz, Pfeffer und Zucker abschmecken.
4. Die Koteletts in dem restlichen Öl von jeder Seite ca. 5 Minuten braten. Mit der Sauce anrichten und mit Kräutern garniert servieren. Dazu passen grüne Bohnen.

Zubereitungszeit: ca. 25 Minuten
Pro Portion ca. 2596 kJ/618 kcal,
50 g Eiweiß, 37 g Fett,
7 g Kohlenhydrate

Koteletts in einer knusprigen Panade, dazu eine pikante Gemüsesauce.

Eine besonders deftige Art, Hackfleisch zuzubereiten: Amerikanische Beefsteaks mit Speck und Käse.

AMERIKANISCHE
BEEFSTEAKS

Für 4 Portionen:

1 altbackenes Brötchen
1 Zwiebel
1 Bund Basilikum
500 g Rinderhackfleisch
1 Ei
1 Tl Senf
Salz
Pfeffer aus der Mühle
16 Scheiben Frühstücks-
speck (ca. 350 g)
4 El Öl
8 Scheiben Emmentaler
250 ml Instant-Fleisch-
brühe
200 ml Schlagsahne
1 El eingelegte Pfeffer-
körner
1 El heller Saucenbinder
Kräuter zum Garnieren

1. Das Brötchen in Wasser einweichen. Die Zwie-
bel pellen und in Würfel
schneiden.
2. Die Basilikumblättchen
von den Stielen zupfen und
kleinhacken. Das Brötchen
ausdrücken, mit dem
Hackfleisch, den Zwiebel-
würfeln und dem Basilikum
vermengen. Das Ei und
den Senf dazugeben und
alles gut verkneten. Mit
Salz und Pfeffer würzen.
3. Aus der Hackfleischmasse 8 Kugeln formen
und diese flachdrücken.
Sie jeweils mit je 2 Scheiben Frühstücksspeck um-
wickeln.
4. Das Öl in einer Pfanne
erhitzen und die Beef-
steaks darin von jeder Seite ca. 4 Minuten braten.

5. Die Beefsteaks aus der
Pfanne nehmen, mit je
1 Scheibe Käse belegen
und auf dem Backblech im
vorgeheizten Backofen bei
180°C (Gas Stufe 2/Umluft
160°C) auf der 2. Einschubleiste von unten 5-8 Mi-
nuten überbacken, bis der
Käse zerläuft.
6. Inzwischen den Braten-
satz in der Pfanne mit der
Brühe loskochen, die Sah-
ne angießen. Die Pfeffer-
körner unterrühren, die
Sauce kurz aufkochen las-
sen und ca. 3 Minuten
köcheln lassen. Mit Salz
und Pfeffer abschmecken,
mit Saucenbinder etwas
andicken.
7. Die Beefsteaks aus
dem Ofen nehmen, mit der
Sauce auf Tellern anrich-

ten und mit Kräutern gar-
niert servieren. Dazu passen grüne Bohnen.

Zubereitungszeit: ca. 40 Minuten
Pro Portion ca. 3153 kJ/750 kcal,
49 g Eiweiß, 51 g Fett,
10 g Kohlenhydrate

Putenschnitzel mit einer würzigen Füllung aus Gorgonzola, Parmaschinken und Kräutern.

GEFÜLLTE PUTENSCHNITZEL

Für 4 Portionen:

*4 Putenschnitzel
(á ca. 200 g)
4 Scheiben Toastbrot
100 g Gorgonzola
50 g Parmaschinken
1 Bund Estragon
1 Bund Petersilie
1 Bund Schnittlauch
1 Zwiebel
1 Ei
Salz
Pfeffer aus der Mühle
30 g Butter
125 ml Instant-Gemüse-
brühe
125 ml trockener Weißwein
100 g Crème fraîche
Kräuter zum Garnieren*

1. Die Putenschnitzel waschen, trockentupfen und in die Schnitzel eine Tasche schneiden.

2. Die Brotscheiben toasten und zerbröseln, den Käse in kleine Stücke schneiden. Den Parmaschinken kleinschneiden und alles miteinander vermischen.

3. Die Kräuter waschen, trockenschütteln und fein hacken. Die Zwiebel pellen und in Würfel schneiden. Kräuter, Zwiebelwürfel und das Ei unter die Brot-Käse-Mischung kneten, mit Salz und Pfeffer würzen.

4. Die Hälfte der Masse in die Putenschnitzel füllen. Die Öffnungen mit Holzstäbchen zustecken. Die Butter in einem Bräter er-hitzen und die Putenschnitzel darin von beiden Seiten anbraten. Die Gemüsebrühe angießen und die Putenschnitzel im vorgeheizten Backofen bei 200°C (Gas Stufe 3/Umluft 180°C) auf der 2. Einschubleiste von unten zugedeckt ca. 30 Minuten schmoren.

5. 5 Minuten vor Ende der Garzeit die restliche Käsemasse auf die Putenschnitzel streichen, etwas andrücken und im offenen Bräter überbacken.

6. Die Putenschnitzel aus dem Bräter nehmen und warm stellen. Den Fond mit dem Wein loskochen, Crème fraîche unterrühren und die Sauce mit Salz und Pfeffer abschmecken.

7. Die Putenschnitzel mit der Sauce auf Tellern anrichten und mit Kräutern garniert servieren. Dazu passen Kartoffelkroketten.

Zubereitungszeit: ca. 50 Minuten
Pro Portion ca. 2546 kJ/606 kcal,
61 g Eiweiß, 20 g Fett,
27 g Kohlenhydrate

LAMMTOPF

Für 4 Portionen:

1 kg Lammkeule in Scheiben (beim Fleischer vorbestellen)
Salz
Pfeffer aus der Mühle
Fett für die Form
400 g Tomaten
250 g gegarte Hirse
5 Lauchzwiebeln
2 Knoblauchzehen
20 g Salbeiblätter
1 Msp. gemahlener Koriander
Pfeffer aus der Mühle
300 g geraspelter Bergkäse

1. Das Fleisch trockentupfen. Mit Salz und Pfeffer einreiben. Eine feuerfeste Form (3 l Inhalt) ausfetten und die Fleischscheiben hineingeben.

2. Die Tomaten waschen, kreuzweise einritzen, kurz in siedenes Wasser tauchen, herausnehmen, häuten und vierteln.

3. Die Hirse abtropfen lassen und auf dem Fleisch verteilen.

4. Die Lauchzwiebeln putzen und in Ringe schneiden. Den Knoblauch pellen und durchpressen. Die Salbeiblätter waschen, trockentupfen und grob hacken.

5. Die Tomaten, Lauchzwiebeln und den Knoblauch auf die Hirse geben, mit Salz und Pfeffer würzen und mit Koriander und Salbei bestreuen. Den geriebenen Käse darüberstreuen.

6. Den Lammkeulentopf zugedeckt im vorgeheizten Backofen bei 200°C (Gas Stufe 3/Umluft 180°C) auf der 2. Einschubleiste von unten ca. 1 1/2-2 Stunden backen.

Zubereitungszeit:
ca. 2 1/2 Stunden
Pro Portion ca. 4571 kJ/1122 kcal,
74 g Eiweiß, 6 g Fett,
48 g Kohlenhydrate

Lammfleisch verträgt kräftige Gewürze: Hier wird es mit Salbei und Koriander kombiniert.

HÄHNCHEN MIT KÄSE-GEMÜSE-FÜLLUNG

Für 4 Portionen:
250 g Möhren
250 g Brokkoli
250 g Porree
Salz
300 g Frischkäse
125 ml Milch
1 Ei
1 Bund Petersilie
1 Zwiebel
2 Tl Senf
Pfeffer aus der Mühle
geriebene Muskatnuß
1 Hähnchen (ca. 1 kg)
Paprikapulver
Fett für die Form
250 ml Instant-Gemüse-brühe
125 ml Sahne
2 Tl heller Saucenbinder

1. Die Möhren putzen, schälen und in Scheiben schneiden. Den Brokkoli putzen, waschen und in kleine Röschen teilen. Den Porree putzen, waschen und in Ringe schneiden.
2. Das Gemüse in leicht gesalzenem Wasser 3-5 Minuten vorgaren. In einem Sieb und abtropfen lassen.
3. Den Frischkäse mit der Milch und dem Ei ver-rühren. Die Petersilie waschen, trockenschütteln und fein hacken. Die Zwie-bel pellen und in Würfel schneiden. Petersilie, Zwiebelwürfel und Senf unter die Käsecreme he-ben. Mit Pfeffer und Mus-kat abschmecken.

4. Das Gemüse unter die Käsecreme heben. Das Hähnchen waschen, trockentupfen und mit der Gemüse-Käse-Mischung füllen. Die Öffnung mit Küchengarn zunähen, Flü-gel und Beine zusammen-binden. Das Hähnchen mit Paprikapulver einreiben und mit Salz und Pfeffer bestreuen.
5. Eine Kasserolle ausfet-ten, das gefüllte Hähnchen hineinlegen und im vorge-heizten Backofen bei 200°C (Gas Stufe 3/Umluft 180°C) auf der 2. Ein-schubleiste von unten ca. 1 1/4 Stunden braten.
6. Während der Garzeit mit 125 ml Brühe an-gießen, das Hähnchen mit dem eigenen Fond mehr-mals begießen.

7. Nach Ende der Garzeit das Hähnchen aus der Kasserolle nehmen und warm stellen. Den Braten-fond mit 125 ml Gemüse-brühe ablösen und kurz aufkochen lassen. Die Sahne unterrühren und die Sauce mit Soßenbinder et-was andicken. Mit Salz, Pfeffer und etwas Senf ab-schmecken.
8. Das Hähnchen mit der Sauce auf einer Platte an-richten und servieren. Da-zu passen Kartoffelkro-ketten.

Zubereitungszeit: ca. 2 Stunden
Pro Portion ca. 3231 kJ/769 kcal,
57 g Eiweiß, 44 g Fett,
24 g Kohlenhydrate

Die Okraschoten
unter fließendem
Wasser vorsichtig
abbrausen.

Um zu verhindern,
daß Flüssigkeit aus
den Schoten beim
Kochen läuft,
schneidet man nur
die Spitze vom
Stielansatz weg.
So bleiben sie un-
verletzt.

GEFÜLLTE BLÄTTER-TEIGRÖLLCHEN

Für 4 Portionen:

*4 Scheiben TK-Blätterteig
(à 60 g)
16 Okraschoten
1 Zwiebel
3 Tomaten (ca. 200 g)
250 g Bratwurstbrät
Mehl zum Ausrollen des
Teiges
Salz
Pfeffer aus der Mühle
80 g junger Gouda
1 Ei
Kräuter zum Garnieren*

1. Den Blätterteig nach Packungsanweisung auftauen lassen.

2. Inzwischen die Okraschoten waschen, putzen und den Stielansatz spitz anschneiden. Die Zwiebel pellen und in Würfel schneiden. Die Tomaten putzen, waschen, kreuzweise einritzen, kurz in siedenes Wasser tauchen, abschrecken, häuten, vierteln, entkernen und würfeln.

3. Jede Blätterteigscheibe auf der leicht bemehlten Arbeitsfläche auf ca. 15x30 cm Größe ausrollen und halbieren. Die Teigscheiben mit dem Brät bestreichen, dabei an allen Seiten einen Rand von ca. 1 cm freilassen.

4. Die Okraschoten, Zwiebel- und Tomatenwürfel auf dem Brät verteilen und mit Salz und Pfeffer würzen. Den Käse fein reiben und darüberstreuen.

5. Das Ei verquirlen. Die Blätterteigscheiben zusammenrollen, an den Enden andrücken und die Blätterteigrollen mit Ei bestreichen. Im Backofen bei 200°C (Gas Stufe 3/Umluft 180°C) auf der 2. Einschubleiste von unten 15-20 Minuten backen.

6. Nach Ende der Backzeit die Okra-Fleischröllchen auf Tellern anrichten und mit Kräutern garniert servieren.

Zubereitungszeit: ca. 40 Minuten
Pro Portion ca. 2382 kJ/567 kcal,
17 g Eiweiß, 38 g Fett,
29 g Kohlenhydrate

KOTELETTS MIT FRISCHKÄSE-FÜLLUNG

Für 4 Portionen:

250 g Ziegenfrischkäse
75 g Crème fraîche
3 kleine, rote Zwiebeln
1 Knoblauchzehe
50 g gemischte Kräuter
(Basilikum, Oregano und
Thymian)
2 Tl Kräutersenf
Salz
Pfeffer aus der Mühle
Cayennepfeffer
4 Schweinenackenkoteletts
(à ca. 180 g)
Öl zum Bestreichen

1. Den Frischkäse mit der Crème fraîche verrühren. Die Zwiebeln pellen, in Würfel schneiden und dazugeben. Die Knoblauchzehe pellen und direkt zu der Käsecreme pressen.
2. Die Kräuter waschen, trockenschütteln und, bis auf ein paar Sträußchen zum Garnieren, fein hacken. Die gehackten Kräuter und den Senf ebenfalls zur Käsecreme geben und alle Zutaten gut verrühren. Mit Salz, Pfeffer und Cayennepfeffer kräftig abschmecken.
3. Die Koteletts trockentupfen und jeweils eine Tasche hineinschneiden. Mit der Käsecreme füllen. Die Öffnungen mit Holzstäbchen zustecken.
4. Das Fleisch mit etwas Öl bestreichen und auf dem heißen Grill unter mehrmaligem Wenden ca. 10 Minuten grillen.
5. Die Koteletts auf Tellern anrichten und mit den restlichen Kräutern garniert servieren. Baguette und einen frischen Salat dazu reichen.

Zubereitungszeit: ca. 20 Minuten
Pro Portion ca. 2706 kJ/644 kcal,
45 g Eiweiß, 44 g Fett,
4 g Kohlenhydrate

Koteletts mit einer pikanten Füllung aus Ziegenfrischkäse, Kräutern und Senf.

Die Hackfleischbbällchen werden in einer fruchtigen Tomatensauce gegart und mit Emmentaler überbacken.

HACKFLEISCH-BÄLLCHEN IN TOMATENSAUCE

Für 4 Portionen:

500 g Rinderhackfleisch
1 Ei
3 El Paniermehl
3 El frisch geriebener
Parmesan
Salz
Pfeffer aus der Mühle
Paprikapulver
2 Zweige Salbei
2 El Olivenöl
1 Dose geschälte Tomaten
(380 g EW)
2 El trockener Rotwein
200 g geriebener Emmen-
1 El gehackte Petersilie

1. Das Rinderhack mit dem Ei, dem Paniermehl, dem Parmesan, Salz, Pfeffer und Paprikapulver verkneten.

2. Die Salbeiblättchen waschen, abzupfen, fein hacken und unter das Hackfleisch kneten. Aus der Hackfleischmasse kleine Bällchenformen.

3. Das Öl in einem Topf erhitzen, die Tomaten grob hacken und mit ihrer Flüssigkeit dazugeben. Ca. 15 Minuten leicht köcheln lassen, dann salzen und pfeffern.

4. Die Hackfleischbällchen in die Sauce legen und zugedeckt ca. 15 Minuten schmoren lassen. Herausnehmen, warm stellen.

5. Den Wein in die Sauce geben und die Sauce dicklich einkochen lassen.

6. Die Sauce in eine Auflaufform (2 l Inhalt) geben und die Hackfleischbällchen hineinlegen. Den geriebenen Emmentaler darüberstreuen und die Hackfleischbällchen im vorgeheizten Backofen bei 200°C (Gas Stufe 3/Umluft 180°C) auf der 2. Einschubleiste von unten ca. 15 Minuten überbacken. Mit Petersilie bestreut servieren.

Zubereitungszeit: ca. 55 Minuten
Pro Portion ca. 2801 kJ/669 kcal,
44 g Eiweiß, 47 g Fett,
3 g Kohlenhydrate

Rinderfilet mit Wildkräutern: Ein Gaumenschmaus für Anspruchsvolle.

RINDERFILET MIT WILDKRÄUTERN

Für 4 Portionen:

750 g Rinderfilet
100 g gemischte Wildkräu-
ter (Löwenzahn, Sauer-
ampfer, Bärlauch)
2 Frühlingszwiebeln
5 El Knoblauchöl
200 g geriebener Mimo-
lette (französischer Hart-
käse)
4 Scheiben Bacon (Früh-
stücksspeck)
Salz
grob gemahlener Zitronen-
pfeffer

1. Das Fleisch waschen und trockentupfen. Es in 8 Scheiben (jeweils 1 cm dick) schneiden.
2. Die Kräuter waschen, trockenschleudern und bis auf einen Rest zum Garnieren fein hacken. Die Frühlingszwiebeln putzen, waschen und ebenfalls fein hacken.
3. Dann 3 El Öl mit dem Käse, den Kräutern und den Frühlingszwiebeln verrühren.
4. Anschließend 4 Filetscheiben mit der Käsemasse bestreichen. Die übrigen 4 Filets darauf legen und leicht andrücken. Mit Salz und Zitronenpfeffer würzen.
5. Den Bacon in Steifen schneiden und gitterförmig auf dem oberen Filet anordnen. Mit Küchengarn zusammenbinden.
6. Die Filets mit dem restlichen Öl bestreichen und unter dem Grill des Backofens von jeder Seite ca. 5 Minuten grillen. Mit Kräutern garniert servieren. Dazu passen Folienkartoffeln sehr gut.

Zubereitungszeit: ca. 35 Minuten
Pro Portion ca. 2816 kJ/670 kcal,
57 g Eiweiß, 42 g Fett,
2 g Kohlenhydrate

AUFLÄUFE UND GRATINS

Ob durch einen sahnigen Frischkäseguß oder eine knusprige Käsekruste gekrönt – diese vielseitigen und beliebten Gerichte aus dem Backofen werden erst durch Käse zu einem kulinarischen Ereignis.

SCHWARZWURZEL-KARTOFFEL-GRATIN

Für 4 Portionen:

500 g Schwarzwurzeln
Salz
4 El Weißweinessig
500 g Kartoffeln
1/2 Topf Schnittlauch
200 g milder Butterkäse
2 Eigelb
200 g Crème fraîche
weißer Pfeffer aus der Mühle
20 Walnußkernhälften

1. Die Schwarzwurzeln unter fließendem Wasser schälen und schräg in dünne Scheiben schneiden. Sofort in 1/2 l kaltes Salzwasser mit Essig legen, damit sie sich nicht verfärben. In dem Wasser zum Kochen bringen und bei milder Hitze 15 Minuten zugedeckt garen lassen, abgießen.

2. Inzwischen die Kartoffeln schälen und in sehr dünne Scheiben schneiden. In kochendem Salzwasser 5 Minuten vorgaren, abtropfen lassen.

3. Den Schnittlauch in Röllchen schneiden, den Butterkäse zuerst in Scheiben, dann die Scheiben in Stücke schneiden. Eigelb mit der Crème fraîche verrühren, mit Salz und Pfeffer abschmecken.

4. Schwarzwurzeln und Kartoffeln in einer flachen Gratinform zu einem Berg aufschichten. Jede Lage mit Schnittlauch und Nüssen bestreuen, mit Käsestückchen belegen und mit Crème fraîche begießen, bis alle Zutaten verbraucht sind (nur vom Schnittlauch etwas zum Garnieren zurückbehalten).

5. Den Gratin im vorgeheizten Backofen bei 200°C (Gas Stufe 3/Umluft 180°C) auf der 2. Einschubleiste von unten 20 Minuten überbacken. Mit dem restlichen Schnittlauch bestreuen. Dazu paßt Katenschinken.

Zubereitungszeit:
ca. 1 1/4 Stunden,
Pro Portion ca. 2180 kJ/521 kcal,
18 g Eiweiß, 39 g Fett,
20 g Kohlenhydrate

ROSENKOHL-AUFLAUF MIT WACHOLDERBEEREN

Für 4 Portionen:

600 g Rosenkohl
500 g Kartoffeln
80 g durchwachsener Speck
1/4 l Schlagsahne
1 Ei
1 El Wacholderbeeren
Salz
Pfeffer aus der Mühle
100 g frisch geriebener Parmesan

1. Den Rosenkohl putzen und waschen. Die Kartoffeln schälen und in dünne Scheiben schneiden. Den Speck sehr fein würfeln und in einer Pfanne ohne Fett auslassen.

2. Die Sahne mit dem Ei verrühren. Die Wacholderbeeren fein hacken und zusammen mit Salz und Pfeffer unterrühren.

3. Die Kartoffelscheiben und den Rosenkohl in eine flache, ofenfeste Form (3 l Inhalt) verteilen. Die Speckwürfel darüber streuen. Die Eiersahne darüber gießen, mit dem Parmesan bestreuen.

4. Den Auflauf im vorgeheizten Backofen bei 225°C (Gas Stufe 4/Umluft 200°C) auf der 2. Einschubleiste von unten 40 Minuten backen. Sofort servieren.

Zubereitungszeit: ca. 1 Stunde
Pro Portion (bei 3 Portionen) ca.
2600 kJ/619 kcal
36 g Eiweiß, 36 g Fett,
29 g Kohlenhydrate

Ein deftiger, winterlicher Auflauf mit Rosenkohl, Kartoffeln und Käse.

PORREE-KARTOFFEL-GRATIN

Für 2-4 Portionen:

500 g Porree
150 g Gorgonzola
100 g Crème fraîche
2 El Schlagsahne
500 g Kartoffeln
20 g Butter
Salz
Pfeffer aus der Mühle
30 g Paniermehl

1. Den Porree putzen und waschen. Dann die weißen und hellgrünen Teile in ca. 1/2 cm dicke Scheiben schneiden.
2. Den Gorgonzola ohne Rinde durch ein feines Sieb streichen, mit der Crème fraîche und der Sahne glattrühren.
3. Die Kartoffeln schälen, waschen und anschließend längs in dünne Scheiben schneiden.

4. Eine Gratinform (2 l Inhalt) mit der Butter ausfetten. Die Kartoffel- und Porreescheiben abwechselnd dachziegelartig und dicht an dicht in die Gratinform schichten, leicht salzen und pfeffern. Die Gorgonzola-Sahne darübergießen und mit Paniermehl bestreuen.
5. Den Gratin im nicht vorgeheizten Backofen bei 200°C (Gas Stufe 3/Umluft 180°C) auf der 2. Einschubleiste von unten 35-40 Minuten backen, bis die Kruste goldbraun ist. Dazu paßt Kurzgebratenes.

Zubereitungszeit:
ca. 1 1/2 Stunden
Pro Portion (bei 4 Portionen)
ca. 1645 kJ/393 kcal
15 g Eiweiß, 25 g Fett,
27 g Kohlenhydrate

Der Gorgonzla verleiht diesem Gratin eine pikante Würze.

Die Pfannkuchen mit der Hackfleischmasse zusammenrollen.

Die gefüllten Pfannkuchen nebeneinander in eine Form legen.

Die Eier mit einem Schneebesen in einer Schüssel verquirlen.

Die verquirlten Eier eßlöffelweise über die Pfannkuchenrollen verteilen.

Die Buchweizenpfannkuchen werden mit Hackfleisch und Höhlenkäse gefüllt.

PFANNKUCHEN-AUFLAUF

Für 4 Portionen:

150 g Buchweizenmehl
250 ml Mineralwasser mit Kohlensäure
6 Eier
1 Prise Salz
6 El Öl
1 Gemüsezwiebel
1/2 Bund Salbei
1/2 Bund Rosmarin
500 g Schweinemett
100 g gehobelter Höhlenkäse
Pfeffer aus der Mühle
geriebene Muskatnuß
Butter für die Form

1. Das Buchweizenmehl mit dem Mineralwasser, 2 Eiern und Salz zu einem Pfannkuchenteig verrühren.
2. Öl in einer Pfanne erhitzen und aus dem Teig nacheinander 8 dünne Pfannkuchen backen.
3. Die Zwiebel pellen und in Würfel schneiden. Die Kräuter waschen, trockenschütteln und fein hacken.
4. Das Schweinemett mit den Zwiebeln, der Hälfte der Kräuter und 60 g Käse verkneten. Mit Salz, Pfeffer und Muskat würzen.
5. Aus dem Schweinemett 8 Rollen formen und in die Pfannkuchen einwickeln.

6. Eine feuerfeste, flache Form (4 l Inhalt) mit Butter ausstreichen, die Pfannkuchen hineingeben.
7. Die restlichen Eier verquirlen und die Eimasse über die Pfannkuchen gießen. Mit Käse und Kräutern bestreuen. Im vorgeheizten Backofen bei 200°C (Gas Stufe 3/Umluft 180°C) auf der 2. Einschubleiste von unten ca. 30-35 Minuten backen.

Zubereitungszeit: ca. 1 Stunde
Pro Portion ca. 4481 kJ/1067 kcal,
47 g Eiweiß, 76 g Fett,
31 g Kohlenhydrate

ÜBERBACKENE KRÄUTER-KARTOFFELN

Für 4 Portionen:

600 g kleine Kartoffeln
Salz
125 g Mozzarella
1 Bund Schnittlauch
1 Bund Dill
1 Beet Kresse
20 g Butter
1 Knoblauchzehe
Salz
Pfeffer aus der Mühle
100 ml Schlagsahne

1. Die Kartoffeln mit der Schale in wenig Salzwasser ca. 20 Minuten kochen, abschrecken, pellen und halbieren.

2. Inzwischen den Mozzarella in Scheiben und den Schnittlauch in feine Röllchen schneiden. Den Dill abzupfen und grob hacken. Die Kresse vom Beet schneiden, die Hälfte beiseite stellen.

3. Die Butter in einer breiten Pfanne schmelzen. Die Knoblauchzehe pellen und direkt in die Pfanne pressen. Die Kartoffeln dazugeben, kräftig salzen, pfeffern und im Fett wenden. Die Kräuter untermischen. Die Kartoffeln in eine ofenfeste Form (2 l Inhalt) geben.

4. Die Sahne in der Pfanne einmal aufkochen lassen und in die Form gießen. Den Mozzarella über und zwischen den Kartoffeln verteilen.

5. Die Kartoffeln auf der 2. Einschubleiste von oben bei stärkster Hitze 8-10 Minuten überbacken, dabei leicht bräunen. Mit der restlichen Kresse bestreut servieren. Dazu paßt Katenschinken.

Zubereitungszeit: ca. 50 Minuten
Pro Portion ca. 1171 kJ/279 kcal
10 g Eiweiß, 17 g Fett,
20 g Kohlenhydrate

Ein Eßvergnügen, bei dem man gut auf Fleisch verzichten kann: Kräuterkartoffeln mit Mozzarella.

GRATINIERTER LENGFISCH

Für 4 Portionen:

4 Lengfischfilets
(à ca.150 g)
4 Tl Zitronensaft
Salz
Pfeffer aus der Mühle
1 Bund Frühlingszwiebeln
80 g Butter
100 g junger Gouda

1. Den Fisch mit Zitronensaft, Salz und Pfeffer würzen. Die Frühlingszwiebeln waschen, putzen, in Ringe schneiden und 5 Minuten in der Butter andünsten.
2. 2 Fischfilets in eine ofenfeste Form (3 l Inhalt) legen, die Hälfte der Zwiebelbutter darauf verteilen, dann den restlichen Fisch und zum Schluß die restliche Zwiebelbutter darübergeben. Den Gouda raspeln und darüber streuen.
3. Den Fisch im vorgeheizten Backofen bei 225°C (Gas Stufe 4/Umluft 200°C) auf der 2. Einschubleiste von unten 40-50 Minuten backen.

Zubereitungszeit: ca. 1 Stunde
Pro Portion ca. 1647 kJ/394 kcal
36 g Eiweiß, 25 g Fett,
2 g Kohlenhydrate

Schmeckt am besten aus dem Ofen direkt auf den Tisch: Knusprig gratinierter Lengfisch.

Besonders saftig: Der Brotauflauf mit Austernpilzen und Käse.

BROTAUFLAUF MIT AUSTERNPILZEN UND KÄSE

Für 4 Portionen:

5 Roggenbrötchen vom Vortag
375 ml Instant-Hühnerbrühe
2 cl trockener Sherry
1 Bund Lauchzwiebeln
40 g Butter
150 g Austernpilze
1 Bund Petersilie
2 Eier
100 g geriebener Senfkäse oder Kümmelkäse
Salz
Pfeffer aus der Mühle
geriebene Muskatnuß
40 g Sonnenblumenkerne
etwas Butter für die Form
Kräuter zum Garnieren

1. Die Brötchen in dünne Scheiben schneiden, die Brühe und den Sherry darübergießen.
2. Die Lauchzwiebeln putzen, waschen und in Ringe schneiden. Die Hälfte der Butter in einem Topf erhitzen und die Lauchzwiebeln darin andünsten.
3. Die Pilze putzen, wenn nötig kurz abbrausen und in kleine Stücke schneiden. Zu den Lauchzwiebeln geben und 10 Minuten mitdünsten. Abkühlen lassen.
4. Die eingeweichten Brötchen ausdrücken. Die Petersilie waschen, trockenschütteln und fein hacken. Die Eier trennen. Eigelb, Käse und Petersilie mit den Brötchen verkneten. Mit Salz, Pfeffer und Muskat würzen.

5. Die Sonnenblumenkerne hacken. Das Eiweiß mit einer Prise Salz steif schlagen und unter die Brötchenmasse heben. Eine feuerfeste Form (2 l Inhalt) ausfetten und die Brötchenmasse einfüllen.
6. Die restliche Butter als Flöckchen und die gehackten Sonneblumenkerne darauf verteilen. Bei 190°C (Gas Stufe 2/Umluft 170°C) auf der 2. Einschubleiste von unten 40-45 Minuten backen. Mit Kräutern garniert servieren.

Zubereitungszeit: ca. 1 Stunde
Pro Portion ca. 1837 kJ/437 kcal,
15 g Eiweiß, 23 g Fett,
35 g Kohlenhydrate

KRÄUTEREIER MIT KÄSE UND PFIFFERLINGEN

Für 4 Portionen:

1 El Butter für die Form
1 Bund Petersilie
250 g Pfifferlinge
150 g geriebener Bergkäse
125 g durchwachsener Speck
1 Zwiebel
2 El Öl
Salz
Pfeffer aus der Mühle
1/4 Bund Basilikum
8 Eier
20 g Butterflöckchen

1. Eine feuerfeste Form (3 l Inhalt) mit Butter ausfetten. Die Petersilie waschen, trockenschütteln und fein hacken. Die Pfifferlinge putzen, waschen und abtropfen lassen.

2. Die Petersilie mit dem Käse mischen und die Form mit der Hälfte der Käse-Kräuter-Masse ausstreuen.

3. Den Speck in Würfel schneiden. Die Zwiebel pellen und würfeln. Das Öl in einer Pfanne erhitzen und den Speck darin auslassen. Die Zwiebeln dazugeben und in dem Fett glasig dünsten.

4. Die Pfifferlinge dazugeben und ca. 4 Minuten mitdünsten. Mit Salz und Pfeffer würzen. Das Basilikum waschen, trockenschütteln und die Blättchen abzupfen.

5. Die Pilzmischung in der gefetteten Form verteilen. Die Eier aufschlagen, verquirlen, mit Salz und Pfeffer würzen und dann darübergeben.

6. Das Ganze mit der restlichen Käse-Kräuter-Mischung bestreuen, Basilikumblättchen und Butterflöckchen darauf verteilen. Im vorgeheizten Backofen bei 180°C (Gas Stufe 2/ Umluft 160°C) auf der 2. Einschubleiste von unten 20-25 Minuten backen.

Zubereitungszeit: ca. 45 Minuten
Pro Portion ca. 2430 kJ/578 kcal, 27 g Eiweiß, 47 g Fett, 3 g Kohlenhydrate

Für dieses raffinierte Gericht werden Eier mit Pilzen und einer Käse-Kräuter-Mischung im Ofen gebacken.

Den Spinat mit einer Schaumkelle aus dem Wasser nehmen.

In Eiswasser abschrecken, um seine Festigkeit zu erhalten.

SPINAT AUF KARTOFFELSCHEIBEN

Für 4 Portionen:
600 g Blattspinat
Salz
500 g Kartoffeln
1 Knoblauchzehe
2 Zwiebeln
20 g Butter
Pfeffer aus der Mühle
geriebene Muskatnuß
200 g Schafskäse
1-2 El Zitronensaft
4 El Olivenöl

1. Den Spinat gründlich waschen und in kochendem Salzwasser 1-2 Minuten blanchieren. Abschrecken und dann gut ausdrücken.
2. Die Kartoffeln schälen, in dünne Scheiben schneiden und in kochendem Salzwasser 5-7 Minuten blanchieren.
3. Den Knoblauch pellen und durchpressen. Die Zwiebeln pellen, würfeln und in der Butter andünsten. Den Spinat dazugeben und zusammenfallen lassen. Mit Salz, Pfeffer, Muskat und Knoblauch würzen.
4. Die Kartoffelscheiben in vier flache, ofenfeste Förmchen verteilen. Mit Salz und Pfeffer würzen und den Spinat darauf geben.
5. Den Schafskäse hacken und über den Spinat streuen. Aus Zitronensaft, Salz, Pfeffer und Öl eine Sauce rühren und über den Spinat gießen.
6. Die Förmchen im vorgeheizten Backofen bei 225°C (Gas Stufe 4/Umluft 200°C) auf der 2. Einschubleiste von unten 7-10 Minuten überbacken.

Zubereitungszeit: ca. 45 Minuten
Pro Portion ca. 1500 kJ/353 kcal
13 g Eiweiß, 25 g Fett,
18 g Kohlenhydrate

MOUSSAKA

Für 4 Portionen:

1 kg Auberginen
Salz
400 g Kartoffeln
2 Zwiebeln
1/2 Bund Basilikum
1/2 Bund Thymian
200 g Schmand
100 g Kräuterfrischkäse
(Doppelrahmstufe)
2 El Zitronensaft
geriebene Muskatnuß
6 El Olivenöl
500 g gemischtes Hack-
fleisch
1 Dose Tomatenmark
(100 g)
2 cl Ouzo
Pfeffer aus der Mühle
2 El Paniermehl
1 Ei
Fett für die Form
4 Tomaten

1. Die Auberginen putzen, waschen und in Scheiben schneiden. Die Auberginenscheiben auf Küchenpapier auslegen, salzen und ca. 20 Minuten Wasser ziehen lassen.

2. Inzwischen die Kartoffeln schälen und waschen. Die Zwiebeln pellen und in Würfel schneiden. Die Kräuter waschen, trockenschütteln und fein hacken.

3. Den Schmand mit dem Frischkäse in einem Topf bei milder Hitze glattrühren. Mit Zitronensaft und Muskat abschmecken.

4. Die Auberginenscheiben trockentupfen. Das Öl in einer Pfanne erhitzen und die Auberginenscheiben darin von beiden Seiten goldgelb braten. Aus der Pfanne nehmen, auf Küchenpapier legen.

5. Das Hackfleisch in der Pfanne in dem Restöl anbraten, Zwiebeln, Kräuter, Tomatenmark und Ouzo dazugeben. Mit Salz und Pfeffer abschmecken und ca. 10 Minuten zugedeckt schmoren lassen. Etwas abkühlen lassen.

6. Das Paniermehl mit dem Ei verrühren und unter die Hackfleischmasse rühren. Kartoffeln in dünne Scheiben schneiden.

7. Eine feuerfeste Form (2 l Inhalt) ausfetten und schichtweise mit Auberginenscheiben, Kartoffelscheiben und der Hackfleischmasse füllen. Mit einer Schicht Auberginenscheiben abschließen.

8. Die Tomaten waschen, halbieren und den Stielansatz entfernen. Die Tomaten in Scheiben schneiden

und auf den Auberginenscheiben verteilen. Die Käsecreme darübergießen.

9. Die Moussaka im vorgeheizten Backofen bei 200°C (Gas Stufe 3/Umluft 180°C) auf der unteren Einschubleiste ca. 45 Minuten backen.

Zubereitungszeit: ca. 1 Stunde
Pro Portion ca. 3727 kJ/887 kcal,
36 g Eiweiß, 59 g Fett,
37 g Kohlenhydrate

Der beliebte griechische Auberginenauflauf wird mit einer Frischkäsecreme überbacken.

KARTOFFELGRATIN MIT KRÄUTERN

Für 4 Portionen:

1 kg Kartoffeln
1/2 l Milch
4 Eier
1 Knoblauchzehe
1/2 Bund Petersile
1/2 Bund Salbei
300 g geraspelter
Höhlenkäse
Salz
Pfeffer aus der Mühle
geriebene Muskatnuß
Butter für die Form
und Butter in Flöckchen

1. Die Kartoffeln schälen, in feine Scheiben schneiden und trockentupfen.
2. Die Milch mit den Eiern verquirlen. Die Knoblauchzehe pellen, durchpressen und unterrühren. Die Kräuter waschen, trockenschütteln, fein hacken und zusammen mit dem Käse dazugeben. Mit Salz, Pfeffer und Muskat pikant abschmecken.
3. Eine Auflaufform (2 l Inhalt) mit Butter ausfetten und die Kartoffelscheiben einschichten. Jede Schicht mit der Eiermilch begießen.
4. Die Butterflöckchen darauf setzen und das Gratin im vorgeheizten Backofen bei 180°C (Gas Stufe 2/Umluft 160°C) auf der 2. Einschubleiste von unten 40-50 Minuten backen. Bräunt die Oberfläche zu stark, sie mit Alufolie abdecken.

Zubereitungszeit:
ca. 1-1 1/2 Stunden
Pro Portion ca. 3282 kJ/781 kcal,
35 g Eiweiß, 43 g Fett,
50 g Kohlenhydrate

Höhlenkäse und Kräuter machen dieses Kartoffelgratin besonders aromatisch.

Ein köstliches Gratin mit Kabanossi, roten Linsen und Gemüse, abgerundet durch einen saftigen Guß mit Pyrenäenkäse.

MÖHREN-LINSEN-GRATIN VOM BLECH

Für 4 Portionen:

300 g Kabanossi
2 El dunkle Sojasauce
Saft von 1 Zitrone
Pfeffer aus der Mühle
300 g rote Linsen
1/4 l Gemüsebrühe aus
Instantpulver
6 El Rinderfond aus
dem Glas
300 g Möhren
300 g Lauch
1 Schalotte
1 Bund Schnittlauch
1 Bund Petersilie
4 El Öl für das Backblech
2 Eier
150 g saure Sahne
200 g geriebener
Pyrenäenkäse
Cayennepfeffer

1. Die Kabanossi in dünne Scheiben schneiden. Aus Sojasauce, Zitronensaft und Pfeffer eine Marinade rühren. Die Wurst darin ca. 20 Minuten marinieren lassen.
2. Inzwischen die roten Linsen in der Brühe und dem Fond ca. 15 Minuten bei milder Hitze köcheln lassen.
3. Die Möhren putzen, schälen und in dünne Scheiben schneiden. Den Lauch putzen, längs aufschlitzen, waschen und in Ringe schneiden. Die Schalotte pellen und in Würfel schneiden.
4. Das Gemüse kurz vor Ende der Garzeit der Linsen dazugeben und ca. 5 Minuten mitköcheln lassen. Die Kräuter waschen, trockenschütteln und fein hacken.
5. Ein tiefes Backblech mit dem Öl fetten und mit den Wurstscheiben belegen. Die Linsen und das Gemüse abtropfen lassen und darauf verteilen. Mit der Hälfte der gehackten Kräutern bestreuen.
6. Die Eier mit der sauren Sahne und dem geriebenen Käse verrühren, mit Cayennepfeffer abschmecken und die restlichen Kräuter unterrühren. Das Ganze gleichmäßig auf dem Gemüse verteilen und im vorgeheizten Backofen bei 180°C (Gas Stufe 2/Umluft 160°C) auf der 2. Einschubleiste von unten ca. 30 Minuten backen.

Zubereitungszeit: ca. 1 Stunde
Pro Portion ca. 2447 kJ/582 kcal,
40 g Eiweiß, 31 g Fett,
25 g Kohlenhydrate

NUDEL- UND REISGERICHTE

Was wären Nudeln oder ein Risotto ohne Käse! Ob Parmesan, Ricotta oder Roquefort – Käse ist für das unverwechselbare Aroma dieser Spezialitäten einfach unentbehrlich.

CANNELLONI MIT WILDKRÄUTER-KÄSE-FÜLLUNG

Für 4 Portionen:

200 g Brunnenkresse
200 g junge Brennesseln
200 g Sauerampfer
50 g junger Löwenzahn
1 Bund Frühlingszwiebeln
50 g Butter
Salz
Pfeffer aus der Mühle
geriebene Muskatnuß
1/2 Bund Majoran
4 Scheiben Vollkorntoast
25 g gehackte Sonnen-
blumenkerne
1 Ei
80 g Ricotta (italienischer Frischkäse)
16 Cannelloni

20 g Mehl
250 ml Milch
200 ml Schlagsahne
1 Eigelb
Butter für die Form
100 g Provolone (italienischer Hartkäse)

1. Brunnenkresse, Brennnesseln, Sauerampfer und Löwenzahn waschen, trockenschleudern und in Streifen schneiden. Die Frühlingszwiebeln putzen, waschen und in Ringe schneiden.

2. Die Hälfte der Butter in einer Pfanne erhitzen und die Frühlingszwiebeln darin andünsten. Die Wildkräuter dazugeben und zusammenfallen lassen. Alles mit Salz, Pfeffer und Muskat würzen.

3. Majoran waschen, trockenschütteln und fein hacken. Die Toastscheiben zerbröseln. Die Sonnenmenkerne in einer Pfanne ohne Fett rösten.

4. Ei, Ricotta, Sonnenmenkerne, Brot und Majoran zu den Wildkräutern geben und alles gut vermengen. Die Cannelloni mit der Masse füllen.

5. Die restliche Butter erhitzen, das Mehl unterrühren und anschwitzen. Mit Milch und Sahne ablöschen und die Sauce ca. 5 Minuten köcheln lassen. Das Eigelb mit etwas Sauce verrühren und unter die Sauce heben. Die Sauce mit Salz, Pfeffer und Muskat würzen.

6. Eine feuerfeste Form (3 l Inhalt) ausfetten und eine Schicht Cannelloni hineinlegen. Die Hälfte der Sauce darübergießen. Eine weitere Schicht Cannelloni darauflegen und die restliche Sauce darübergießen. Den Provolone fein hobeln und über die Cannelloni streuen. Im vorgeheizten Backofen bei 200°C (Gas Stufe 3/Umluft 180°C) auf der 2. Einschubleiste von unten 40-45 Minuten backen.

Zubereitungszeit:
ca. 1 1/2 Stunden
Pro Portion ca. 2944 kJ/701 kcal,
24 g Eiweiß, 38 g Fett,
56 g Kohlenhydrate

Italien läßt grüßen: Cannelloni mit Wildkräutern und zwei Käsesorten.

Reis, Scampi und Käse – die perfekte Kombination für ein Risotto.

SCAMPI-REIS MIT PECORINO

Für 4 Portionen:

1 Zwiebel
1 Knoblauchzehe
200 g Champignons
4 Fleischtomaten
2 El Olivenöl
200 g Langkornreis
600 ml Instant-Gemüse-brühe
100 g TK-Erbsen
Salz
Pfeffer aus der Mühle
8 gekochte Scampi ohne Schale
150 g Pecorino (italieni-scher Hartkäse)
Kräuter zum Garnieren

1. Die Zwiebel und die Knoblauchzehe pellen und fein hacken. Die Champignons putzen, halbieren oder vierteln. Die Tomaten kreuzweise einritzen, kurz in siedendes Wasser tauchen, herausnehmen, abschrecken und häuten. Tomaten vierteln, entkernen und würfeln.

2. 1 El Öl erhitzen, Zwiebeln und Knoblauch darin dünsten. Den Reis dazugeben und unter Rühren kurz anrösten.

3. Die Brühe dazugeben und zum Kochen bringen. Die Champignons und die Tomaten dazugeben, zugedeckt bei milder Hitze ca. 20 Minuten garen.

4. 10 Minuten vor Ende der Garzeit die unaufgetauten Erbsen dazugeben. Alles mit Salz und Pfeffer würzen.

5. Die Scampi in dem restlichen Öl kurz anbraten, salzen und pfeffern. Den Pecorino in dünne Scheiben hobeln.

6. Den Reis mit den Scampi auf Tellern anrichten, mit Pecorino bestreuen und mit Kräutern garniert servieren.

Zubereitungszeit: ca. 45 Minuten
Pro Portion ca. 2173 kJ/517 kcal,
27 g Eiweiß, 19 g Fett,
50 g Kohlenhydrate

Bulgur unter fließendem Wasser in einem Sieb waschen.

Bulgur löffelweise zu den Zwiebel- und Knoblauchwürfeln geben.

BULGURRISOTTO MIT LEBER

Für 4 Portionen:

250 g Bulgur
2 Zwiebeln
2 Knoblauchzehen
2 El Öl
1/8 l Instant-Gemüsebrühe
1 Glas Kürbis (225 g EW)
600 g Kalbsleber
2 El Butterschmalz
Salz
Pfeffer aus der Mühle
75 g frisch geriebener Parmesan
Kräuter zum Garnieren

1. Den Bulgur waschen und abtropfen lassen (wie links beschrieben).
2. Die Zwiebeln und die Knoblauchzehen pellen und fein hacken.
3. Das Öl erhitzen und die Zwiebel- und Knoblauchwürfel darin glasig dünsten.
4. Den Bulgur dazugeben, kurz anrösten und mit der Brühe ablöschen. Zugedeckt bei milder Hitze ca. 1 Stunde ausquellen lassen.
5. Inzwischen den Kürbis abtropfen lassen und in kleine Würfel schneiden.
6. Die Leber waschen, trockentupfen und in Streifen schneiden. Das Butterschmalz erhitzen und die Leberstreifen darin portionsweise rundherum ca. 5 Minuten kräftig anbraten. Alles mit Salz und Pfeffer würzen.
7. Die Leber zusammen mit dem Kürbis und dem Parmesan unter den Bulgur heben. Mit Kräutern garniert servieren.

Zubereitungszeit:
ca.1 1/2 Stunden
Pro Portion ca. 2812 kJ/669 kcal,
44 g Eiweiß, 29 g Fett,
47 g Kohlenhydrate

Tortellini mit Parmesan: Selbst gemacht schmeckt diese italienische Nudelspezialität doppelt so gut.

TORTELLINI MIT PARMESAN

Für 4 Portionen:

300 g Mehl und Mehl zum Ausrollen des Teiges
3 Eier
Salz
350 g Bratenreste
abgerieben Schale von einer unbehandelten Zitrone
geriebene Muskatnuß
Pfeffer aus der Mühle
1 Eigelb
50 ml Schlagsahne
etwas Öl
75 g frisch geriebener Parmesan
30 g Butter
Kräuter zum Garnieren

1. Das Mehl auf eine Arbeitsplatte sieben, in die Mitte eine Mulde drücken und die Eier hineingeben.
2. Das Mehl mit den Eiern vermischen und mit etwas Salz zu einem glatten Teig kneten.
3. Den Teig zugedeckt 1/2 Stunde bei Zimmertemperatur ruhen lassen.
4. Inzwischen die Bratenreste durch die mittlere Scheibe des Fleischwolfs drehen, mit Zitronenschale, Salz, Muskat und Pfeffer würzen. Das Eigelb und die Sahne mit der Fleischmasse vermengen.
5. Den Nudelteig auf einer bemehlten Arbeitsfläche

hauchdünn ausrollen und Kreise von ca. 6 cm Ø ausstechen. Die Ränder mit Wasser bestreichen.
6. In die Mitte eines jeden Teigkreises etwas Fleischfüllung geben. Die einzelnen Kreise zusammenklappen und die Ränder mit den Fingern andrücken. Die Halbmonde an den Spitzen zusammendrücken.
7. Die Tortellini in kochendes Salzwasser mit etwas Öl geben und ca. 5 Minuten garen. Abgießen, abtropfen lassen und auf warmen Tellern anrichten. Zum Schluß die Butterflöckchen darauf verteilen

und die Tortellini mit Parmesan bestreut servieren.

Zubereitungszeit: ca. 20 Minuten
Pro Portion ca. 3364 kJ/801 kcal,
33 g Eiweiß, 47 g Fett,
49 g Kohlenhydrate

PENNE MIT AUBERGINEN UND TOMATENSAUCE

Für 4 Portionen:

2 Auberginen (à ca. 350 g)
Salz
8 El Olivenöl
1/2 Bund Basilikum
2 Zweige Thymian
1 Knoblauchzehe
500 g Penne
(kurze Makkaroni)
1 El Öl
200 g Tomatenstücke aus
der Dose
1 El Kapern
Pfeffer aus der Mühle
100 g gehobelter Greyerzer

1. Die Auberginen putzen, waschen und längs in etwa 1 cm dicke Scheiben, dann in Würfel schneiden. Salzen und auf Küchenpapier ca. 20 Minuten Wasser ziehen lassen. Öl in einer Pfanne erhitzen und die Auberginenwürfel darin portionsweise hellbraun braten. Herausnehmen und warm stellen.
2. Die Kräuter waschen, trockenschütteln und, bis auf ein paar Zweige zum Garnieren, fein hacken. Die Knoblauchzehe pellen und durchpressen.
3. Die Nudeln in kochendem Salzwasser mit etwas Öl bißfest garen. Die Tomaten grob hacken, in die Pfanne mit dem verbliebenen Öl geben und aufkochen lassen. Basilikum, Thymian und die Kapern unterrühren, mit Salz und Pfeffer abschmecken und die Sauce 5-8 Minuten köcheln lassen.
4. Die Nudeln abgießen, in eine vorgewärmte Schüssel geben und mit den Auberginenwürfeln mischen. Die Sauce und den gehobelten Käse unterheben. Mit Kräutern garnieren und sofort servieren.

Zubereitungszeit: ca. 45 Minuten
Pro Portion ca. 3810 kJ/907 kcal,
24 g Eiweiß, 41 g Fett,
97 g Kohlenhydrate

Genuß auf mediterrane Art: Penne mit knuspringen Auberginenwürfeln und Tomatensauce.

BUNTE NUDELN MIT GORGON- ZOLA-SAUCE

Für 4 Portionen:

200 g Frühlingszwiebeln
Salz
500 g bunte Schleifen-
nudeln
1 El Öl
40 g Pinienkerne
300 g Gorgonzola
1/4 l Schlagsahne
Zitronensaft
2 El trockener Weißwein
Pfeffer aus der Mühle
100 g Parmesan zum
Bestreuen

1. Die Frühlingszwiebeln putzen, waschen und in Ringe schneiden. In kochendem Salzwasser ca. 2 Minuten blanchieren. Mit eiskaltem Wasser abschrecken.
2. Die Nudeln in kochendem Salzwasser mit etwas Öl bißfest garen.
3. Inzwischen die Pinienkerne fein hacken. Den Käse in kleine Stücke schneiden. Die Sahne in einem kleinen Topf erwärmen und den Käse unter Rühren darin bei milder Hitze schmelzen lassen. Mit Zitronensaft, Wein und Pfeffer abschmecken. Die Hälfte der Pinienkerne und die Frühlingszwiebeln unterheben.
4. Die Nudeln abgießen, in eine vorgewärmte Schüssel geben und mit der Sauce vermengen. Mit den restlichen Pinienkernen und Parmesan bestreuen und sofort servieren.

Zubereitungszeit: ca. 25 Minuten
Pro Portion ca. 3098 kJ/737 kcal,
28 g Eiweiß, 31 g Fett,
76 g Kohlenhydrate

Einfach zuzubereiten, doch raffiniert im Geschmack: Bunte Nudeln mit Gorgonzolasauce.

Die Hörnchennudeln werden mit einer Frischkäse-Gemüse-Sauce und mit italienischer Mortadella serviert.

HÖRNCHEN MIT KÄSE-FENCHEL-SAUCE

Für 4 Portionen:

250 g Fenchel
1 Bund glatte Petersilie
200 g Mortadella
20 g Butter
250 ml Milch
150 g Crème double
100 g Kräuterfrischkäse (Doppelrahmstufe)
100 ml trockener Weißwein
1 Knoblauchzehe
1 Msp. geriebene Muskatnuß
Salz
Pfeffer aus der Mühle
250 g Hörnchen-Nudeln

1. Den Fenchel putzen, waschen und in Würfel schneiden. Die Petersilie waschen, trockenschütteln und, bis auf einen kleinen Rest zum Garnieren, fein hacken. Die Mortadella in Streifen schneiden.

2. Die Butter in einem Topf erhitzen und die Fenchelwürfel darin andünsten. Mit der Milch ablöschen und die Crème double, den Frischkäse und den Weißwein unterrühren. Die Knoblauchzehe pellen und direkt in die Sauce pressen. Mit Muskat, Salz und Pfeffer abschmecken.

3. Die gehackte Petersilie unterrühren und die Sauce ca. 10 Minuten köcheln lassen.

4. Inzwischen die Nudeln in kochendem Salzwasser bißfest garen.

5. Die Nudeln abgießen, abschrecken, abtropfen lassen und mit der Käse-Sauce und der Mortadella auf Tellern anrichten. Mit etwas Petersilie garniert servieren.

Zubereitungszeit: ca. 35 Minuten
Pro Portion ca. 2639 kJ/628 kcal,
20 g Eiweiß, 33 g Fett,
50 g Kohlenhydrate

Raffiniert: Reispuffer mit Gemüse und Kräutern werden mit Blauschimmelkäse überbacken.

ÜBERBACKENE REIS-SPINAT-PUFFER

Für 4 Portionen:

120 g Milchreis
1 l Milch
500 g Spinat
3 Zwiebeln (ca. 150 g)
je 1/2 Bund Petersilie,
Estragon, Koriandergrün
und Minze
Salz
Pfeffer aus der Mühle
6 El Olivenöl
150 g Fourme d'Ambert
(französischer Blauschim-
melkäse)
Kräuter zum Garnieren

1. Den Milchreis in leicht köchelnder Milch ca. 30 Minuten quellen lassen. Den Spinat verlesen, waschen und grob hacken.
2. Die Zwiebeln pellen und fein würfeln. Die Kräuter waschen, trockenschütteln und fein hacken.
3. Den Spinat, die Zwiebeln und die Kräuter in eine Schüssel geben und mit dem Reis verkneten. Aus der Masse 8 Puffer formen.
4. Das Öl in einer Pfanne erhitzen und die Reispuffer darin von beiden Seiten insgesamt ca. 5 Minuten hellbraun braten.
5. Die Reispuffer auf ein Backblech legen. Den Käse in Scheiben schneiden

und die Reispuffer damit belegen.
6. Im vorgeheizten Backofen bei 180°C (Gas Stufe 2/Umluft 160°C) auf der 2. Einschubleiste von unten ca. 5 Minuten überbacken, bis der Käse zerläuft.
7. Die Reispuffer auf Tellern anrichten und mit Kräutern garniert servieren.

Zubereitungszeit: ca. 45 Minuten
Pro Portion ca. 2814 kJ/670 kcal,
30 g Eiweiß, 37 g Fett,
55 g Kohlenhydrate

NUDELN AUF BAUERNART

Für 4 Portionen:

100 g Salami am Stück
250 g weiße Champignons
400 g bunte Bandnudeln
Salz
1 El Öl
1 El Butter
200 g TK-Erbsen
200 ml Schlagsahne
Salz
Pfeffer aus der Mühle
50 g geriebener Parmesan
Kräuter zum Garnieren

1. Die Salami in kleine Würfel schneiden. Die Champignons putzen und je nach Größe halbieren oder vierteln.

2. Die Nudeln in ausreichend kochendem Salzwasser mit dem Öl bißfest garen. Abgießen und abtropfen lassen.

3. Die Butter erhitzen und die Salamiwürfel mit den Champignons darin ca. 5 Minuten anbraten.

4. Die Erbsen und die Sahne dazugeben, mit Salz und Pfeffer abschmecken und alles ca. 5 Minuten leicht köcheln lassen.

5. Die Nudeln in eine vorgewärmte Schüssel geben, mit der Sauce begießen, und mit dem Parmesan bestreuen. Mit Kräutern garniert servieren.

Zubereitungszeit: ca. 30 Minuten
Pro Portion ca. 3350 kJ/797 kcal,
31 g Eiweiß, 33 g Fett,
81 g Kohlenhydrate

Die Nudeln werden in einer herzhaften Sauce mit Salami, Erbsen und Champignons serviert.

Fine köstliche Lasagne mit Tomatensauce und viel Gemüse.

Die Stiele von den Spinatblättern zupfen und die Blätter beiseite legen.

Für die Tomatensauce das Mehl in der erhitzten Butter unter Rühren anschwitzen

Die Lasagneblätter mit einer Schaumkelle aus dem Salzwasser heben, auf ein geöltes Backblech legen.

Den Spinat zu dem gedünsteten Gemüse geben und zusammenfallen lassen.

SPINATLASAGNE

Für 4 Portionen:
800 g Blattspinat
300 g Möhren
40 g Mehl
50 g Butter
1/4 l Schlagsahne
1/4 l Milch
100 g Tomatenmark
Cayennepfeffer
Salz
Zucker
1 Bund Basilikum
8 helle Lasagneblätter
Öl für das Blech und die Form
1 Knoblauchzehe
geriebene Muskatnuß
100 g mittelalter Gouda

1. Den Spinat gründlich waschen und verlesen. Die Möhren schälen und dann würfeln.

2. Das Mehl in 30 g Butter anschwitzen, die Sahne und die Milch dazugießen und unter Rühren aufkochen lassen. Das Tomatenmark unterrühren und die Sauce unter Rühren 5 Minuten bei milder Hitze kochen lassen. Mit Cayennepfeffer, Salz und Zucker würzen. Das Basilikum in Streifen schneiden und unterrühren.

3. Die Lasagneblätter in reichlich kochendem Salzwasser portionsweise jeweils 4 Minuten kochen, dann auf ein Backblech legen.

4. Die Möhrenwürfel und den durchgepreßten Knoblauch in dem restlichen Fett andünsten. Den Spinat dazugeben. Mit Salz und Muskat würzen.

5. Eine flache Auflaufform (2 l Inhalt) ausfetten. 4 Lasagneblätter hineinlegen, die Hälfte der Gemüsemischung darauf verteilen und die Hälfte der Sauce darübergießen. Dann die restliche Gemüsemischung, die restlichen Lasagneblätter und die restliche Sauce darüber verteilen. Den Käse würfeln und darüberstreuen.

6. Die Lasagne im vorgeheizten Backofen bei 200°C Gas Stufe 3/Umluft 180°C) auf der 2. Einschubleiste von unten 40-50 Minuten backen.

Zubereitungszeit:
ca. 1 3/4 Stunden
Pro Portion ca. 2747 kJ/656 kcal
21 g Eiweiß, 44 g Fett,
40 g Kohlenhydrate

REISKLÖSSCHEN MIT KÄSE

Für 4 Portionen:
250 g Country-Reis-Mischung
100 ml Milch
1 Ei
125 g Magerquark
1 Bund Petersilie
3 Knoblauchzehen
100 g geriebener Comté (französischer Hartkäse)
Salz
Pfeffer aus der Mühle
geriebene Muskatnuß
1 l Instant-Gemüsebrühe
750 g Fleischtomaten
2 Zwiebeln
50 g durchwachsener Speck
6 El Tomatenmark
1/2 Bund Basilikum

1. Den Reis nach Packungsanweisung garen, abgießen und beiseite stellen.
2. Aus Milch, Ei , Quark und Reis einen Teig kneten. Die Petersilie waschen, trockenschütteln, fein hacken und mit 1 durchgepreßten Knoblauchzehe und der Hälfte des Käses unter den Teig kneten. Mit Salz, Pfeffer und Muskat würzen.
3. Die Brühe zum Kochen bringen. Aus der Teigmasse kleine Klöße von ca. 4 cm Ø formen und in der siedenden Brühe ca. 5 Minuten ziehen lassen. Die Klöße mit einem Schaumlöffel herausnehmen und in einem Sieb abtropfen lassen.

4. Die Tomaten kreuzweise einritzen, kurz in siedendes Wasser tauchen, herausnehmen, dann abschrecken und häuten. Die Tomaten vierteln, entkernen und würfeln.
5. Die Zwiebeln und die restlichen Knoblauchzehen pellen und fein hacken. Den Speck in Würfel schneiden und in einer Pfanne auslassen. Zwiebeln und Knoblauchwürfel darin andünsten. Das Tomatenmark dazugeben und unter Rühren ca. 2 Minuten mitdünsten. Die Tomaten unterrühren, mit Salz und Pfeffer würzen und zugedeckt ca. 30 Minuten dünsten. Die Basilikumblättchen abzupfen und, bis auf ein paar Blätter zum Garnieren, in Streifen schneiden. Unter die Sauce rühren.

6. Die Tomatensauce in eine feuerfeste Form (3 l Inhalt) geben, die Klößchen darauf verteilen und mit dem restlichen Käse bestreuen.
7. Im vorgeheizten Backofen bei 250°C (Gas Stufe 6/Umluft 220°C) auf der 2. Einschubleiste von unten ca. 10 Minuten überbacken. Die Klößchen mit Basilikum garniert servieren.

Zubereitungszeit:
ca. 1 1/4 Stunden
Pro Portion ca. 2269 kJ/540 kcal,
17 g Eiweiß,28 g Fett,
47 g Kohlenhydrate

Ein knackiger Genuß: Vollkornreis, kombiniert mit Paprika und Stangensellerie.

PIKANTER GEMÜSE-REIS MIT KÄSE

Für 4 Portionen:

1 rote Paprikaschote
1 grüne Paprikaschote
2 Stangen Sellerie
1 Zwiebel
2 Knoblauchzehen
200 g gekochter Schinken
2 El Olivenöl
4 Zweige Thymian
250 g Vollkornreis
400 ml Instant-Gemüse-
brühe
1 kleine Dose geschälte
Tomaten
Salz
Pfeffer aus der Mühle
150 g geriebener Emmen-
taler
1/2 Bund glatte Petersilie

1. Die Paprikaschoten halbieren, putzen, entkernen, waschen und in Streifen schneiden. Die Selleriestangen putzen, waschen und in Stücke schneiden. Die Zwiebel und Knoblauchzehen pellen. Die Zwiebel würfeln und die Knoblauchzehen durchpressen.
2. Den Schinken in ca. 1 cm große Würfel schneiden. Das Öl in einem Topf erhitzen und die Zwiebeln darin glasig dünsten. Den Knoblauch hinzufügen.
3. Den Thymian waschen, trockenschütteln und fein hacken. Den Reis zu den Zwiebeln geben und ca. 5 Minuten andünsten. Mit der Brühe ablöschen.

4. Die Tomaten grob hacken und mit dem Saft, dem Tomatenmark und dem gehackten Thymian unter den Reis rühren. Das Ganze zugedeckt bei milder Hitze ca. 10 Minuten garen.
5. Das übrige Gemüse und die Schinkenwürfel unterrühren und weitere 10 Minuten garen. Mit Salz und Pfeffer abschmecken. Die Hälfte des geriebenen Käses unterheben. Die Petersilie waschen, trockenschütteln, fein hacken und ebenfalls unter den Gemüsereis heben.
6. Den Reis auf Tellern anrichten und mit dem übrigen geriebenem Käse bestreut servieren.

Zubereitungszeit: ca. 50 Minuten
Pro Portion ca. 3477 kJ/828 kcal,
51 g Eiweiß, 33 g Fett,
71 g Kohlenhydrate

SPINAT-RISOTTO MIT KRABBEN UND PECORINO

Für 4 Portionen:

1 Bund Frühlingszwiebeln
4 El Olivenöl
250 g Risottoreis
600-750 ml Instant-
Gemüsebrühe
Salz
Pfeffer aus der Mühle
300 g Spinat
2 Knoblauchzehen
1 El Butter
200 g Nordseekrabben
150 g geriebener Pecorino
(italienischer Hartkäse)

1. Die Frühlingszwiebeln putzen, waschen und in Ringe schneiden. 3 El Öl in einem Topf erhitzen und die Zwiebeln darin glasig dünsten. Den Reis dazugeben und ebenfalls glasig dünsten.

2. Die Gemüsebrühe angießen und den Reis zugedeckt bei milder Hitze ca. 20 Minuten garen. Während des Garens mehrmals umrühren. Mit Salz und Pfeffer würzen.

3. Den Spinat waschen, verlesen und in kochendem Wasser ca. 1 Minute blanchieren. Kalt abschrecken, abtropfen lassen und grob hacken.

4. Die Knoblauchzehen pellen und durchpressen. Die Butter und 1 El Öl in einer Pfanne erhitzen die Krabben darin kurz anbraten. Den Knoblauch ca. 1 Minute mitdünsten. Salzen und pfeffern. Den Spinat dazugeben und kurz erwärmen.

5. Den Spinat mit den Krabben unter den Reis heben, den Käse unterheben und nochmals mit Salz und Pfeffer abschmecken. Auf Tellern anrichten und servieren.

Zubereitungszeit: ca. 30 Minuten
Pro Portion ca. 3533 kJ/841 kcal,
68 g Eiweiß, 24 g Fett,
79 g Kohlenhydrate

Dieser Risotto mit Nordseekrabben und Spinat wird auch verwöhnte Zungen begeistern.

ÜBERBACKENER GEMÜSEREIS

Für 4 Portionen:

250 g Reis
Salz
350 g Brokkoli
Salz
1 Tl Butter
100 g gekochter Schinken
Butter für die Form
Paniermehl zum
Ausstreuen der Form
300 g Kräuterfrischkäse
120 ml Gemüsebrühe

1. Den Reis in Salzwasser 15-20 Minuten garen. Inzwischen den Brokkoli putzen, waschen und in kleine Röschen teilen. In wenig Salzwasser ca. 3 Minuten blanchieren. Abgießen, abschrecken und in einem Sieb abtropfen lassen.
2. Den Reis abgießen und in einem Sieb abtropfen lassen. Den Schinken fein würfeln. Eine Auflaufform (2 l Inhalt) mit Butter ausfetten und mit Paniermehl ausstreuen.
3. Den Reis mit den Schinkenwüfeln und dem Brokkoli mischen und in die Form geben.
4. Den Frischkäse mit der Gemüsebrühe glattrühren und über die Reis-Gemüse - Mischung verteilen. Im vorgeheizten Backofen bei 180°C (Gas Stufe 2/Umluft 160°C) auf der 2. Einschubleiste von unten ca. 15 Minuten überbacken.

Zubereitungszeit: ca. 40 Minuten
Pro Portion ca. 1776 kJ/423 kcal,
19 g Eiweiß, 11 g Fett,
53 g Kohlenhydrate

Reis, Brokkoli und Schinken werden mit cremigem Kräuterfrischkäse überbacken.

SALATE

Marktfrische Salate, knackiges Gemüse, ausgereiftes Obst: diese Zutaten werden durch Käse – ob gehobelt, gewürfelt oder als Bestandteil einer Sauce – aufs raffinierteste ergänzt.

KÄSE-ANANAS-SALAT MIT TRAUBEN

Für 4 Portionen:

150 g Joghurt
3 El Zitronensaft
Salz
1 El Zucker
500 g Knollensellerie
1 Ananas (ca. 1 kg)
200 g blaue Weintrauben
200 g junger Gouda
100 g Walnußkerne
Zitronenmelisse zum
Garnieren

1. Den Joghurt mit dem Zitronensaft glattrühren und mit Salz und Zucker abschmecken.

2. Den Sellerie schälen, waschen und grob raspeln. Die Ananas schälen, vierteln, den harten inneren Teil herausschneiden und das Ananasfleisch in kleine Stücke schneiden. Die Weintrauben waschen, halbieren und entkernen.

3. Den Käse in Würfel schneiden. Die Walnußkerne grob hacken.

4. Sellerieraspel, Weintrauben, Anansstücke und Käsewürfel mit der Joghurtsauce mischen.
Den Salat anrichten, mit den Walnußkernen bestreuen und mit Zitronenmelisse garniert servieren.

Zubereitungszeit: ca. 25 Minuten
Pro Portion ca. 1597 kJ/380 kcal,
16 g Eiweiß, 17 g Fett,
33 g Kohlenhydrate

Herzhaft und fruchtig: Käse-Ananas-Salat mit Trauben.

MOZZARELLA-ZUNGEN-SALAT MIT ROTER BETE

Für 4 Portionen:

400 g gekochte, gepökelte
Rinderzunge
1 Glas rote Bete
(220 g EW)
1 Zwiebel
1 Orange
150 g Mozzarella
3 El Rotweinessig
Salz
Pfeffer aus der Mühle
Pimentpulver
1 Tl Senf
4 El Traubenkernöl
1 Beet Kresse

1. Die Rinderzunge häuten und in schmale Streifen schneiden.
2. Die rote Bete in ein Sieb geben, abtropfen lassen und in feine Streifen schneiden. Die Zwiebel pellen und in Ringe schneiden.
3. Die Orange mit einem scharfen Messer schälen und dabei die weiße Haut entfernen. Die Orangenfilets aus den Trennhäuten herauslösen.
4. Den Mozzarella abtropfen lassen und in Würfel schneiden. Alle Salatzutaten vermengen.
5. Den Essig mit Salz, Pfeffer, etwas Pimentpulver und Senf würzen. Das Öl unterrühren. Die Kresse vom Beet schneiden und unter die Salatsauce rühren.
6. Den Salat mit der Sauce mischen und kurz durchziehen lassen.

Zubereitungszeit: ca. 20 Minuten
Pro Portion ca. 1997 kJ/475 kcal,
22 g Eiweiß, 36 g Fett,
8 g Kohlenhydrate

Ein erfrischendes Geschmackserlebnis: Mozzarella-Zungen-Salat mit roter Bete.

Eine Mango läßt sich am einfachsten mit einem Sparschäler längs schälen.

Das Fruchtfleisch in Spalten, dann vom Stein abschneiden. So bleibt möglichst wenig Fruchtfleisch am Stein zurück.

Für 4 Portionen:

1 Mango
3 Kiwis
200 g Edelpilzkäse
1 Lollo rosso
2 El Zitronensaft
Salz
Pfeffer aus der Mühle
Zucker
4 El Öl
Zitronenmelisse
zum Garnieren

1. Die Mango schälen und das Fruchtfleisch in Spalten vom Stein abschneiden. Die Spalten in mundgerechte Stücke schneiden.

2. Die Kiwi schälen, längs halbieren und in Scheiben schneiden.

3. Den Käse in Würfel schneiden. Den Salat waschen, trockenschleudern und in mundgerechte Stücke zupfen.

4. Den Zitronensaft mit Salz, Pfeffer und Zucker verrühren und das Öl unterschlagen.

5. Die Salatzutaten mit der Sauce mischen und den Mango-Kiwi-Salat mit Zitronenmelisse garniert servieren.

Zubereitungszeit: ca. 20 Minuten
Pro Portion ca. 1525 kJ/363 kcal,
11 g Eiweiß, 27 g Fett,
11 g Kohlenhydrate

GEMÜSESALAT MIT THUNFISCH

Für 4 Portionen:

3 Eier
500 g Kartoffeln
Salz
2 El Öl
1 Tl getrocknetes Bohnen-
kraut
1 Dose Thunfisch in Öl
(225 g EW)
1 Tl Senf
1 Tl Sojasauce
1 El Zitronensaft
Piment
1 Glas rote Bete
(220 g EW)
1 Staudensellerie
(ca. 500 g)
200 g Butterkäse
Kräuter zum Garnieren

1. Die Eier in 10 Minuten hart kochen, abschrecken und abkühlen lassen. Die Kartoffeln mit der Schale in wenig Salzwasser ca. 20 Minuten kochen.

2. Die Eier pellen und halbieren, Eigelb und Eiweiß getrennt voneinander hacken. Das Eigelb mit dem Öl und dem Bohnenkraut verrühren.

3. Den Thunfisch abtropfen lassen und zusammen mit dem Senf, der Sojasauce, dem Zitronensaft und dem gehacktem Eiweiß unter die Eigelbmischung rühren. Die Sauce mit Salz und Piment abschmecken.

4. Die rote Bete abtropfen lassen und würfeln.

5. Die Kartoffeln abgießen, abschrecken, pellen, den Staudensellerie putzen und waschen. Beides in Scheiben schneiden. Den Käse in Würfel schneiden.

6. Die Salatzutaten mit der Sauce mischen und ca. 1 Stunde im Kühlschrank durchziehen lassen. Anschließend nochmals mit den Gewürzen abschmecken und mit Kräutern garniert servieren.

Zubereitungszeit (plus Kühlzeit):
ca. 1 3/4 Stunden
Pro Portion ca. 2559 kJ/609 kcal,
29 g Eiweiß, 42 g Fett,
18 g Kohlenhydrate

Zu jeder Jahreszeit ein Genuß: Gemüsesalat mit Thunfisch und Butterkäse.

BUNTER KÄSETELLER MIT BIRNE UND AVOCADO

Für 4 Portionen:

1 Avocado
2 El Zitronensaft
1 reife Birne
4 Scheiben Rindersaft-
schinken
150 g junger Gouda
grob gemahlener Pfeffer
aus der Mühle
200 ml Schlagsahne
4 cl Sherry
Salz
Zucker
Kräuter zum Garnieren

1. Die Avocado schälen, halbieren, entsteinen und in Spalten schneiden. Sofort mit 1 El Zitronensaft beträufeln.

2. Die Birne schälen, vierteln, das Kerngehäuse herausschneiden und die Birnenviertel in Spalten schneiden. Diese mit dem restlichen Zitronensaft beträufeln.

3. Die Schinkenscheiben einzeln fest aufrollen und die Röllchen dann in ca. 1/2 cm dünne Scheiben schneiden.

4. Den Gouda in Würfel schneiden und die Käsewürfel in den grob gemahlenen Pfeffer drücken.

5. Die Sahne halbsteif schlagen und mit dem Sherry und etwas Salz, Pfeffer und Zucker abschmecken.

6. Avocado- und Birnenspalten mit dem Schinken und dem Käse auf Tellern anrichten. Die Salatsauce darüberträufeln und alles mit Kräutern garniert servieren.

Zubereitungszeit: ca. 20 Minuten
Pro Portion ca. 1833 kJ/436 kcal,
13 g Eiweiß, 33 g Fett,
13 g Kohlenhydrate

Ein ausgefallener Salat, der aber schnell und einfach zubereitet werden kann.

Sardellen und Parmesan verleihen diesem knackigen Salat seine Würze.

CÄSAR-SALAT

Für 4 Portionen:

1 Kopf Friséesalat
2 Scheiben Weißbrot
3 El Öl
1 Knoblauchzehe
2 Eier
3 El Zitronensaft
Salz
Pfeffer aus der Mühle
5 El Olivenöl
125 g frisch geriebener
Parmesan
6 Sardellenfilets
Kräuter zum Garnieren

1. Den Salat waschen, trockenschleudern und in mundgerechte Stücke zupfen.
2. Die Brotscheiben entrinden und in Würfel schneiden. Die Brotwürfel in heißem Öl rundherum hellbraun rösten. Die Knoblauchzehe pellen, direkt dazupressen und unterrühren. Die Croûtons auf Küchenpapier auskühlen lassen.
3. Die Eier ca. 10 Sekunden in kochendes Wasser tauchen, in eine Schüssel aufschlagen und mit einem Schneebesen schaumig rühren.
4. Aus Zitronensaft, Salz, Pfeffer und Olivenöl eine Salatsauce rühren. Die Eier unterrühren und den Parmesan unterheben.
5. Die Sardellenfilets in kleine Stücke schneiden und ebenfalls unter die Salattsauce rühren.
6. Den Salat mit den Croûtons bestreuen. Die Sauce darüberträufeln und den Salat mit Kräutern garniert servieren.

Zubereitungszeit: ca. 20 Minuten
Pro Portion ca. 2425 kJ/577 kcal, 21 g Eiweiß, 43 g Fett, 17 g Kohlenhydrate

BULGARISCHER BAUERNSALAT

Für 4 Portionen:

*je 1 rote, gelbe und grüne
Paprikaschote
2 Zwiebeln
10 schwarze Oliven ohne
Stein
100 g Kasseler in Scheiben
1 Zweig Thymian
200 g Schafskäse
3 El Kräuteressig
Salz
Pfeffer aus der Mühle
Paprikapulver
4 El Olivenöl
Kräuter zum Garnieren*

1. Die Paprikaschoten putzen, halbieren, entkernen, waschen und in Streifen schneiden.
2. Die Zwiebeln pellen und in Ringe schneiden.
3. Die Oliven in einem Sieb abtropfen lassen. Das Kasseler in dünne Streifen schneiden.
4. Den Thymian waschen, trockenschütteln und die Blättchen abzupfen.
5. Den Schafskäse in Würfel schneiden und mit dem Thymian, dem Kasseler, den Oliven, den Zwiebeln und den Paprikastreifen mischen.
6. Den Essig mit Salz, Pfeffer und Paprikapulver verrühren. Das Öl unterschlagen, die Sauce mit den Salatzutaten mischen.
7. Den Salat auf Tellern anrichten und mit Kräutern garniert servieren.

Zubereitungszeit: ca. 20 Minuten
Pro Portion ca. 1861 kJ/443 kcal,
15 g Eiweiß, 33 g Fett,
14 g Kohlenhydrate

Würzig und bunt: Der Bulgarische Bauernsalat.

NUDELSALAT

Für 4 Portionen:

200 g Hörnchennudeln
Salz
5 Tomaten
1 Eisbergsalat
200 g Butterkäse
Paprikapulver
300 g Magerjoghurt
2 El Zitronensaft
Pfeffer aus der Mühle
Kräuter zum Garnieren

1. Die Nudeln in kochendem Salzwasser bißfest garen. Abgießen, abschrecken, abtropfen und abkühlen lassen.

2. Die Tomaten waschen, putzen, vom grünen Stielansatz befreien und in Achtel schneiden.

3. Den Eisbergsalat putzen, in Streifen schneiden, waschen, trockenschleudern und auf vier Teller verteilen.

4. Den Käse in Würfel schneiden und die Käsewürfel in Paprikapulver wenden.

5. Käsewürfel, Nudeln und Tomaten mischen und auf dem Eisbergsalat anrichten.

6. Den Joghurt mit dem Zitronensaft glattrühren und mit Salz und Pfeffer abschmecken. Die Sauce mit den Salatzutaten mischen und den Salat etwas durchziehen lassen. Den Salat mit Kräutern garniert servieren.

Zubereitungszeit: ca. 35 Minuten
Pro Portion ca. 2101 kJ/500 kcal,
21 g Eiweiß, 23 g Fett,
42 g Kohlenhydrate

Nudelsalate sind immer willkommen. Diese Variante überrascht mit viel frischem Gemüse.

Schmeckt nicht nur zum Bier: Der bayrische Partysalat mit Leberkäse und Rettich.

BAYRISCHER PARTYSALAT

Für 4 Portionen:

400 g Möhren
1 Rettich
1 Bund Radieschen
1 Bund Frühlingszwiebeln
5 Tomaten
150 g Champignons
350 g Leberkäse in
Scheiben
3 El Essig
Salz
Pfeffer aus der Mühle
6 El Traubenkernöl

1. Die Möhren und den Rettich schälen und raspeln.
2. Die Radieschen und die Frühlingszwiebeln putzen und waschen. Die Radieschen in Scheiben, die Frühlingszwiebeln in Röllchen schneiden.
3. Die Tomaten putzen, waschen und in Achtel schneiden.
4. Die Champignons putzen und in Scheiben schneiden. Den Leberkäse in Streifen schneiden. Alle Salatzutaten miteinander vermengen.

5. Den Essig mit Salz und Pfeffer verrühren. Das Öl kräftig unterschlagen. Die Sauce mit den Salatzutaten mischen.
6. Den Käse in kleine Würfel schneiden. Den Salat auf vier Tellern anrichten und mit den Käsewürfeln bestreut servieren.

Zubereitungszeit: ca. 20 Minuten
Pro Portion ca. 2857 kJ/680 kcal,
26 g Eiweiß, 55 g Fett,
12 g Kohlenhydrate

MITTERNACHTS-SALAT

Für 4 Portionen:

400 g Hörnchennudeln
Salz
1 Dose Ananas in Schei-
ben (375 g EW)
1 Dose Kidneybohnen
(425 g EW)
1 Bund Frühlingszwiebeln
200 g französischer Butter-
käse
250 ml Chilisauce scharf-
fruchtig (Fertigprodukt)
1 El Essig
1 El Öl
Pfeffer aus der Mühle
Zucker
Kräuter zum Garnieren

1. Die Nudeln in aus-
reichend kochendem
Salzwasser bißfest garen.
Abgießen, abschrecken,
abtropfen und auskühlen
lassen.
2. Die Ananasscheiben in
einem Sieb abtropfen las-
sen, den Saft dabei auffangen. Die Ananasscheiben
in Stücke schneiden.

3. Die Kidneybohnen in
ein Sieb geben und gut
abtropfen lassen.
4. Die Frühlingszwiebeln
putzen, waschen und in
Röllchen schneiden. Den
Käse in Würfel schneiden.
Alle Salatzutaten miteinander vermischen.

5. Die Chilisauce mit
Essig, Öl, Salz, Pfeffer und
Zucker verrühren. Mit
etwas Ananassaft verfei-
nern und mit dem Salatzu-
taten mischen.
6. Den Salat auf Tellern
anrichten und mit Kräutern
garniert servieren.

Zubereitungszeit: ca. 30 Minuten
Pro Portion ca. 2751 kJ/655 kcal,
25 g Eiweiß, 19 g Fett,
84 g Kohlenhydrate

ENDIVIEN-KÄSE-SALAT MIT ENTENBRUST

Für 4 Portionen:

300 g Entenbrust
Pfeffer aus der Mühle
2 El Öl
Salz
1 Kopf Endiviensalat
100 g Sojabohnen
keimlinge
1 Apfel
50 g Walnußkerne
200 g geschnittener Butterkäse
4 El Zitronensaft
2 El Weißweinessig
1 Tl Senf
6 El Distelöl
2 Scheiben Pumpernickel

1. Die Entenbrust trockentupfen und mit Pfeffer würzen. Das Öl in einer Pfanne erhitzen und die Entenbrust darin von jeder Seite ca. 5 Minuten braten. Aus der Pfanne nehmen, salzen und abkühlen lassen.

2. Den Endiviensalat putzen, waschen, in Streifen schneiden und trockenschleudern.

3. Die Sojabohnenkeimlinge waschen und abtropfen lassen.

4. Den Apfel waschen, halbieren, entkernen und in Stifte schneiden. Die Walnußkerne grob hacken.

5. Den Butterkäse und die Entenbrust in Streifen schneiden. Alle Salatzutaten vermengen.

6. Den Zitronensaft mit dem Essig und dem Senf verrühren, mit Salz und Pfeffer würzen. Das Öl nach und nach unterrühren.

7. Die Salatzutaten mit der Sauce mischen. Den Salat auf Tellern anrichten. Die Pumpernickelscheiben zerbröseln und über den Salat geben.

Zubereitungszeit: ca. 30 Minuten
Pro Portion ca. 3942 kJ/938 kcal,
26 g Eiweiß, 80 g Fett,
13 g Kohlenhydrate

Ein Salat, der auch anspruchsvolle Gäste überzeugen wird.

Die Schwarzwurzeln unter fließendem kalten Wasser mit dem Sparschäler schälen.

Mit einem scharfen Messer die Schwarzwurzeln dann in ca. 5 cm lange Stücke schneiden.

Die Schwarzwurzelstücke in kochendes Salz-Essig-Wasser geben.

Die Schwarzwurzeln in ein Sieb geben und abtropfen lassen.

Ein köstlicher Wintersalat: Frische Schwarzwurzeln mit Speck und Provolone.

SCHWARZWURZEL-SALAT

Für 4 Portionen:

Salz
2 El Essig
500 g Schwarzwurzeln
200 g kleine Champignons
100 g durchwachsener Speck
150 g Provolone (italienischer Hartkäse)
3 El Rotweinessig
Pfeffer aus der Mühle
3 El Olivenöl
Kräuter zum Garnieren

1. Salz und Essig in 1 l Wasser geben und zum Kochen bringen. Die Schwarzwurzeln schälen, in Stücke schneiden und direkt ins kochende Wasser geben. Ca. 15 Minuten köcheln.

2. Inzwischen die Champignons putzen. Den Speck in feine Würfel schneiden und in einer Pfanne auslassen. Die Champignons dazugeben und sie unter Rühren ca. 10 Minuten braten, bis die Flüssigkeit verdampft ist. Abkühlen lassen.

3. Die Schwarzwurzeln herausnehmen und abkühlen lassen.

4. Den Käse in kleine Würfel schneiden. Alle Salatzutaten vermengen.

5. Den Weinessig mit Salz und Pfeffer würzen. Das Öl unterrühren und die Sauce unter die Salatzutaten mischen. Den Salat etwas durchziehen lassen, anrichten und mit Kräutern garniert servieren.

Zubereitungszeit (ohne Zeit zum Abkühlen und Durchziehen): ca. 30 Minuten
Pro Portion ca. 1722 g Eiweiß, 27 g Fett, 17 g Kohlenhydrate

Käse-Rosenkohl-Salat: Ein deftiger Wintersalat mit Wurst und Gouda.

KÄSE-ROSENKOHL-SALAT

Für 4 Portionen:

750 g Rosenkohl
Salz
3 El Kräuteressig
Pfeffer aus der Mühle
4 El Traubenkernöl
1 Zwiebel
1 Knoblauchzehe
1 Tl Kümmel
1 Bund Petersilie
100 g Fleischwurst
100 g Gouda
Kräuter zum Garnieren

1. Den Rosenkohl putzen und waschen. Die Röschen halbieren und in kochendem Salzwasser in ca. 5 Minuten garen.
2. Inzwischen den Essig mit Salz und Pfeffer verrühren. Das Öl anschließend unterschlagen.
3. Die Zwiebel und die Knoblauchzehe pellen und fein hacken. Mit dem Kümmel unter die Marinade rühren.
4. Die Petersilie waschen, trockenschütteln, die Blättchen abzupfen und diese fein hacken. Gehackte Petersilie ebenfalls unter die Marinade rühren.
5. Den Rosenkohl abgießen, abtropfen lassen und noch warm mit der Marinade mischen. Zugedeckt abkühlen lassen.
6. Die Fleischwurst und den Käse in kleine Würfel schneiden und unter den Salat heben. Den Rosenkohl-Salat ca. 10 Minuten durchziehen lassen und anschließend mit Kräutern garniert servieren.

Zubereitungszeit (ohne Zeit zum Durchziehen): ca. 20 Minuten
Pro Portion ca. 1634 kJ/389 kcal, 17 g Eiweiß, 29 g Fett, 8 g Kohlenhydrate

Gemeinsam unschlagbar: knackiger Salat, knusprige Käsecroûtons und herzhafte Specksauce.

FRISÉESALAT MIT KÄSE-CROUTONS

Für 4 Portionen:

1 Friséesalat
8 dünne Scheiben Baguette
1 Knoblauchzehe
1 El Olivenöl
75 g frisch geriebener Parmesan
2 Schalotten
100 g durchwachsener Speck
4 El Weißweinessig
Salz
Pfeffer aus der Mühle
Zucker
1 Tl Senf
Kräuter zum Garnieren

1. Den Friséesalat waschen, trockenschleudern und in mundgerechte Stücke zupfen.

2. Die Baguette-Scheiben auf ein Backblech legen. Die Knoblauchzehe pellen und durchpressen. Die Brotscheiben mit Öl und dem Knoblauch bestreichen. Den Parmesan darüberstreuen und die Brotscheiben unter dem Grill goldbraun rösten.

3. Für die Salatsauce die Schalotten pellen und fein hacken. Den Speck in Würfel schneiden und in einer Pfanne knusprig auslassen.

4. Die Schalottenwürfel dazugeben und glasig dünsten. Mit dem Essig ablöschen, kurz aufkochen lassen und mit Salz, Pfeffer, Zucker und dem Senf würzen.

5. Die Salatsauce abkühlen lassen. Die Brotscheiben in Würfel schneiden. Den Friséesalat mit der Sauce mischen und auf Tellern anrichten. Die Croûtons darüber verteilen und den Salat mit Kräutern garniert servieren.

Zubereitungszeit: ca. 30 Minuten
Pro Protion ca. 1693 kJ/403 kcal,
18 g Eiweiß, 8 g Fett,
56 g Kohlenhydrate

ZWIEBELSALAT MIT ROQUEFORT

Für 4 Portionen:

2 Orangen
1 Apfel
1 Lollo Rosso
300 g Frühlingszwiebeln
50 g Roquefort
80 g Joghurt
2 El Portwein
2 El Kräuteressig
Salz
weißer Pfeffer aus der
Mühle

1. Die Orangen so schälen, daß die weiße Haut entfernt wird. Die Filets mit einem scharfen Messer zwischen den Trennhäuten herausschneiden. Den Apfel waschen, vierteln, entkernen und in schmale Spalten schneiden. Sofort mit den Orangenfilets mischen.
2. Den Salat putzen, die Blätter abzupfen, waschen und trockenschleudern. Die Frühlingszwiebeln waschen, putzen und in feine Ringe schneiden.
3. Den Roquefort zerbröseln und mit dem Joghurt verrühren. Portwein und Essig unterrühren und die Sauce mit Salz und Pfeffer abschmecken.
4. Die Salatblätter auf 4 Teller verteilen, das Obst und die Frühlingszwiebeln darauf anrichten und zum Schluß die Salatsauce darüberträufeln.

Zubereitungszeit: ca. 15 Minuten
Pro Portion ca. 816 kJ/194 kcal,
6 g Eiweiß, 8 g Fett,
18 g Kohlenhydrate

Eine außergewöhnliche Salatkreation – das Roquefortdressing gibt ihr den letzten Pfiff.

Ein leichter Käse-Schinken-Salat mit Obst und knackigem Eisbergsalat.

PIKANTER KÄSE-SCHINKEN-SALAT

Für 4 Portionen:

150 g gekochter Schinken in Scheiben
100 g Emmentaler in Scheiben
3 Scheiben Ananas aus der Dose
1 Apfel
11/2 El Zitronensaft
1/2 Kopf Eisbergsalat
50 g Mandelblättchen
2 El Orangensaft
Salz
Zucker
100 ml Schlagsahne

1. Den Schinken und den Käse in feine Streifen schneiden.

2. Die Ananasscheiben in einem Sieb abtropfen lassen. Den Saft auffangen. Die Ananasscheiben in Stücke schneiden.

3. Den Apfel schälen, halbieren, entkernen und in Stifte schneiden. Sofort mit 1/2 El Zitronensaft beträufeln. Den Salat putzen, waschen, trockenschleudern und in breite Streifen schneiden.

4. Die Mandelblättchen in einer Pfanne ohne Fett hellbraun rösten.

5. Den restlichen Zitronensaft mit dem Orangensaft, 5 El Ananassaft, etwas Salz und Zucker verrühren. Die Schinkenstreifen mit den Ananasstücken, den Apfelstiften und dem Salat mischen. Die Salatsauce unterziehen.

6. Die Sahne steif schlagen und kurz vor dem Anrichten unter den Salat heben. Den Käse-Schinken-Salat mit Mandelblättchen bestreut servieren.

Zubereitungszeit: ca. 20 Minuten
Pro Portion ca. 1312 kJ/312 kcal,
17 g Eiweiß, 21 g Fett,
8 g Kohlenhydrate

TOASTS UND BAGUETTES

Wenn der kleine Hunger kommt, sind diese phantasievoll belegten Brote genau das Richtige. Mit Käse überbacken, verbinden sich alle Zutaten zu einer aromatischen Einheit – einfach unwiderstehlich gut!

Der grüne Spargel muß im Gegensatz zum weißen Spargel nur an den unteren Enden geschält werden.

Die Spargelstangen in das kochende Salzwasser geben und den Topf abdecken.

SPARGELTOAST

Für 4 Portionen:

750 g grüner Spargel
Salz
Zucker
4 Wachteleier
125 g Butterkäse
8 Scheiben Toastbrot
20 g Butter zum Bestreichen
4 geräucherte Forellenfilets (à ca. 50 g)
50 g Forellenkaviar
Dill zum Garnieren

1. Den Spargel putzen, schälen und bei mittlerer Hitze ca. 10 Minuten wie links beschrieben garen.
2. Die Eier in kochendes Wasser geben und in ca. 6 Minuten hartkochen. Herausnehmen, abschrecken, pellen und in Scheiben schneiden. Den Käse ebenfalls in Scheiben schneiden.
3. Brotscheiben toasten, mit Butter bestreichen, mit Spargel und Eischeiben belegen und mit den Käsescheiben abdecken. Im vorgeheizten Backofen bei 220°C (Gas Stufe 4/Umluft 200°C) auf der 2. Einschubleiste von unten ca. 10 Minuten überbacken.
4. Den Spargeltoast mit je 1 Forellenfilet und etwas Kaviar auf vier Tellern anrichten. Mit Dill garniert servieren.

Zubereitungszeit: ca. 35 Minuten
Pro Portion ca. 1807 kJ/430 kcal, 19 g Eiweiß, 21 g Fett, 33 g Kohlenhydrate

CHESTER-SANDWICH

Für 4 Portionen:

250 g Chester
1/4 l Ale oder anderes Bier
1 Ei
1 Msp. Senfpulver
Cayennepfeffer
Salz
4 Baguettebrötchen
20 g Butter zum
Bestreichen
Kräuter zum Garnieren

1. Den Käse raspeln und im Wasserbad langsam unter Rühren schmelzen lassen. Nach und nach das Bier unterrühren.

2. Das Ei mit dem Senfpulver, Cayennepfeffer und Salz verquirlen und mit dem Schneebesen unter den Käse schlagen. So lange weiterschlagen, bis eine dickliche Creme entstanden ist.

3. Die Baguettebrötchen halbieren. Mit den Schnittflächen nach oben auf ein Backblech legen und im vorgeheizten Backofen bei 200°C (Gas Stufe 3/Umluft 180°C) auf der 2. Einschubleiste von unten goldgelb rösten.

4. Die Brötchen mit etwas Butter und der Käsecreme bestreichen und im vorgeheizten Backofen bei 180°C (Gas Stufe 2/Umluft 160°C) auf der 2. Einschubleiste von unten ca. 10 Minuten überbacken.

Mit Kräutern garniert servieren.

Zubereitungszeit: ca. 30 Minuten
Pro Portion ca. 2067 kJ/492 kcal,
22 g Eiweiß, 21 g Fett,
41 g Kohlenhydrate

Pikant und kross: Baguettebrötchen, mit einer pikanten Käsecreme überbacken.

AMSTERDAMER KÄSETOAST

Für 4 Portionen:

500 g Champignons
1 Zwiebel
40 g Butter
50 ml Schlagsahne
1 Ecke Schmelzkäse
(40 % F. i. Tr.)
Salz
Pfeffer aus der Mühle
4 kleine Seezungenfilets
(à ca. 60 g)
70 g holländischer Butterkäse
4 Scheiben Dreikorntoast
100 g Nordseekrabben
1 Bund Dill

1. Die Pilze putzen und in Scheiben schneiden. Zwiebel pellen und würfeln.
2. Die Hälfte der Butter in einer Pfanne erhitzen, die Zwiebeln darin glasig dünsten. Pilze dazugeben und ca. 5 Minuten mitdünsten.
3. Die Sahne und den kleingeschnittenen Schmelzkäse unterrühren, den Käse schmelzen lassen. Mit Salz und Pfeffer abschmecken und die Sauce ca. 3-4 Minuten leicht köcheln lassen.
4. Die Fischfilets waschen und trockentupfen. Die restliche Butter in einer Pfanne erhitzen und die Seezungenfilets darin ca. 3 Minuten braten.
5. Den Butterkäse grob raspeln. Die Brotscheiben toasten und mit den Seezungenfilets belegen. Die Zwiebel-Pilz-Mischung und die Nordseekrabben darauf verteilen. Mit dem Butterkäse bestreuen und im vorgeheizten Backofen bei 250°C (Gas Stufe 6/Umluft 225°C) auf der 2. Einschubleiste von unten 3-5 Minuten überbacken, bis der Käse geschmolzen ist.
6. Die Toastscheiben auf Tellern anrichten und mit Dill garniert servieren.

Zubereitungszeit: ca. 45 Minuten
Pro Portion ca. 1389 kJ/330 kcal,
25 g Eiweiß, 20 g Fett,
5 g Kohlenhydrate

Ein Genuß für Fischfreunde: Toast mit Seezunge und Krabben, überbacken mit Käse.

TOAST MIT RÜHREI UND CHAMPIGNONS

Für 4 Portionen:

250 g kleine Champignons
50 g durchwachsener Speck
Salz
Pfeffer aus der Mühle
4 Scheiben Toastbrot
2 Tomaten
2 Eier
20 g Butter
4 Scheiben holländischer Butterkäse
Petersilie zum Garnieren

1. Die Champignons putzen und in Scheiben schneiden.
2. Den Speck in Würfel schneiden und in einer Pfanne auslassen. Die Champignons dazugeben und unter Rühren braten, bis die Flüssigkeit verdampft ist. Mit Salz und Pfeffer würzen.
3. Die Brotscheiben rösten. Die Tomaten putzen, waschen und in Scheiben schneiden.
4. Die Eier mit etwas Salz verquirlen und in heißer Butter unter Rühren stocken lassen.
5. Die Toastscheiben mit Tomatenscheiben belegen, das Rührei und dann die Champignon-Speck-Mischung darauf verteilen. Die Toasts mit je 1 Scheibe Käse belegen und im vorgeheizten Backofen bei 250°C (Gas Stufe 6/Umluft 225°C) auf der 2. Einschubleiste von unten ca. 10 Minuten überbacken.
6. Die Toasts mit Petersilie garniert servieren.

Zubereitungszeit: ca. 30 Minuten
Pro Portion ca. 1386 kJ/330 kcal,
17 g Eiweiß, 18 g Fett,
19 g Kohlenhydrate

Bei diesem Toast ergänzen sich Champignons, Tomaten, Rührei und Käse aufs beste.

KNOBLAUCH-KÄSE-BAGUETTE

Für 4 Portionen:

250 g Ricotta (italienischer Frischkäse)
100 ml Milch
100 g Salami am Stück
200 g frisch geriebener Parmesan
125 g weiche Butter
3 Knoblauchzehen
Salz
Paprikapulver edelsüß
1 Baguette (ca. 300 g)

1. Den Ricotta in eine Schüssel geben und mit der Milch glattrühren.
2. Die Salami würfeln und mit dem Parmesan zum Ricotta geben. Die Butter ebenfalls dazugeben. Die gepellten Knoblauchzehen dazupressen.
3. Alles verrühren, mit Salz und Paprika abschmecken.
4. Das Baguette alle 2-3 cm schräg einschneiden und die Schnittstellen mit der Käsecreme bestreichen.

5. Das Brot fest in Alufolie einwickeln und im vorgeheizten Backofen bei 220°C (Gas Stufe 4/Umluft 200°C) auf der 2. Einschubleiste von unten ca. 15 Minuten backen.
6. Das Baguette noch heiß in Scheiben schneiden und sofort servieren.

Zubereitungszeit: ca. 25 Minuten
Pro Portion ca. 3873 kJ/922 kcal, 36 g Eiweiß, 49 g Fett, 70 g Kohlenhydrate

Raffiniert: Das mit Salami, Knobblauch und zwei Käsesorten gefüllte Baguette wird im Ofen gebacken.

Ein herzhafter Snack, der zu jeder Tageszeit schmeckt: Überbackene Baguettes mit Rührei und Bacon.

BAGUETTES MIT RÜHREI UND BACON

Für 4 Portionen:

150 g Bacon
1 Bund Frühlingszwiebeln
1 Knoblauchzehe
5 Eier
Salz
Pfeffer
Paprikapulver
2 Roggen-Baguette-Brötchen
4 Scheiben Sage Derby (englischer Schnittkäse mit Salbei)
Salbeiblätter zum Garnieren

1. Den Bacon in kleine Würfel schneiden. Die Frühlingszwiebeln putzen, waschen und in Röllchen schneiden. Die Knoblauchzehe pellen und fein hacken.
2. Den Bacon in einer Pfanne auslassen. Die Zwiebeln und den Knoblauch dazugeben und glasig dünsten.
3. Die Eier aufschlagen, mit den Gewürzen verquirlen und in die Pfanne geben. Unter Rühren stocken lassen.
4. Die Baguette-Brötchen halbieren, auf ein Backblech legen und das Rührei darauf verteilen.

Jedes Brötchen mit einer Käsescheibe belegen und im vorgeheizten Backofen bei 250°C (Gas Stufe 3/ Umluft 180°C) auf der 2. Einschubleiste von unten ca. 5 Minuten überbacken.
5. Die Baguettes auf Tellern anrichten und sie mit Salbeiblättern garniert servieren.

Zubereitungszeit: ca. 20 Minuten
Pro Portion ca. 2121 kJ/505 kcal, 29 g Eiweiß, 24 g Fett, 34 g Kohlenhydrate

GERÖSTETES BAUERNBROT MIT TOMATEN UND PECORINO

Für 4 Portionen:

4 Scheiben Bauernbrot
2 El Olivenöl
2 Knoblauchzehen
3 Fleischtomaten
Salz
Pfeffer aus der Mühle
1 Bund Basilikum
125 g Pecorino
(italienischer Hartkäse)

1. Die Brotscheiben toasten und mit dem Olivenöl beträufeln.
2. Die Brotscheiben auf Tellern anrichten. Die Knoblauchzehen pellen, durchpressen und auf die Brotscheiben streichen.
3. Die Tomaten putzen, waschen, in Scheiben schneiden und auf den Brotscheiben verteilen. Salzen und pfeffern.
4. Die Basilikumblättchen abzupfen und auf den Tellern verteilen. Den Käse hobeln, über die Brotscheiben streuen und servieren.

Zubereitungszeit: ca. 15 Minuten
Pro Portion ca. 1062 kJ/253 kcal,
11 g Eiweiß, 13 g Fett,
18 g Kohlenhydrate

Schmeckt als Snack oder als Vorspeise: Geröstetes Bauernbrot mit Tomaten und Pecorino.

SOMMER-BAGUETTE

Für 4 Portionen:

2 Baguettebrötchen
Butter zum Bestreichen
4 Scheiben Parmaschinken
300 g Tomaten
200 g schwarze Oliven
ohne Stein
1/2 Bund Basilikum
1/2 Bund Rukola (Rauke)
Salz
Pfeffer
250 g Mozzarella

1. Die Baguettebrötchen halbieren und mit etwas Butter bestreichen. Mit dem Schinken belegen.
2. Die Tomaten waschen, abtrocknen und in Scheiben schneiden. Die Oliven abtropfen lassen und ebenfalls in Scheiben schneiden. Die Baguettebrötchen mit den Tomaten- und den Olivenscheiben belegen.

3. Die Kräuter waschen, trockenschütteln, bis auf einen Rest zum Garnieren fein hacken und auf die Brötchenhälften verteilen. Diese mit Salz und Pfeffer würzen.
4. Den Käse in Scheiben schneiden, die Sommer-Baguettes damit belegen und im vorgeheizten Backofen bei 200°C (Gas Stufe 3/Umluft 180°C) auf der 2. Einschubleiste von unten 5-10 Minuten überbacken. Mit Kräutern garniert servieren.

Zubereitungszeit: ca. 20 Minuten
Pro Portion ca. 2819 kJ/671 kcal,
20 g Eiweiß, 12 g Fett,
108 g Kohlenhydrate

KLEINE KALTE KÄSEGERICHTE

Eine kulinarische Reise durchs Land der Käse-Schmankerl: Neben deftig angemachtem Camembert finden Sie hier das Carpacchio mit gehobeltem Käse. Dieses Kapitel bietet Gerichte für jede Gelegenheit.

KNACKIGES GEMÜSE MIT FRISCHKÄSE-CREME

Für 4 Portionen:

1 rote Paprikaschote
1 gelbe Paprikaschote
1 Fenchelknolle (ca. 250 g)
2 El Olivenöl
Salz
Pfeffer aus der Mühle
150 g Crème fraîche
200 g Frischkäse
1 Tl Meerrettich
1 Bund Basilikum

1. Die Paprikaschoten waschen, halbieren, das Kerngehäuse entfernen und die Schotenhälften in Streifen schneiden. Den Fenchel putzen, waschen und in Scheiben schneiden.

2. Das Öl in einer Pfanne erhitzen. Das Gemüse darin 8-10 Minuten zugedeckt dünsten, dann mit Salz und Pfeffer würzen.

3. Die Crème fraîche mit dem Frischkäse und dem Meerrettich glattrühren. Mit Salz und Pfeffer würzen.

4. Das Basilikum waschen, trockenschütteln und, bis auf einen Rest zum Garnieren, kleinhacken. Die gehackten Blätter unter den Dip rühren.

5. Das Gemüse auf einer Platte anrichten und mit Basilikum garnieren. Mit dem Dip servieren.

Zubereitungszeit: ca. 20 Minuten
Pro Portion ca. 1213 kJ/289 kcal,
12 g Eiweiß, 18 g Fett,
15 g Kohlenhydrate

Ein Genuß zu jeder Jahreszeit: Gemüse mit einer pikanten Frischkäse-Creme.

138

SACHSENHÄUSER HANDKÄS' MIT MUSIK

Für 4 Portionen:

4 Harzer Roller (à 200 g)
125 ml Rotweinessig
1 Prise grobes Meersalz
4 El Knoblauchöl
3 Zwiebeln
gemahlener Kümmel
grober schwarzer
Pfeffer aus der Mühle
Salz

1. Den Käse in Scheiben schneiden und auf vier Tellern verteilen.
2. Den Essig mit 3 El Wasser und dem Salz verrühren. Das Knoblauchöl unterrühren.
3. Die Zwiebeln pellen, fein würfeln und zu der Marinade geben. Mit Kümmel, Salz und 11/2 Tl Pfeffer abschmecken.
4. Die Marinade über den Handkäs' geben, mit etwas Pfeffer bestreuen und servieren. Dazu paßt Bauernbrot und Apfelwein.

Zubereitungszeit: ca. 10 Minuten
Pro Portion ca. 829 kJ/198 kcal,
26 g Eiweiß, 3 g Fett,
9 g Kohlenhydrate

Handkäs' mit Musik – zu dieser hessischen Spezialität schmeckt am besten Apfelwein.

Der pikante "Dippekas" ist schnell zubereitet, er braucht lediglich Zeit zum Marinieren.

PFÄLZER "DIPPEKAS"

Für 4 Portionen:

2 Harzer Roller (à 200 g)
175 ml trockener Weißwein
2 cl Wacholderschnaps
1 Tl grober schwarzer
Pfeffer aus der Mühle
2 Tl Kümmelkörner
3-4 Wacholderkörner
3-4 Pimentkörner
1 Bund Estragon

1. Den Käse in Scheiben schneiden und in eine Schüssel legen.
2. Den Wein mit dem Wacholderschnaps verrühren.
3. Grob gemahlenen Pfeffer sowie Kümmel-, Wacholder- und Pimentkörner dazugeben.
4. Die Marinade über den Käse gießen und den Käse zugedeckt 10-12 Stunden im Kühlschrank durchziehen lassen.

5. Den Estragon waschen, trockenschütteln und davon kleine Zweige abzupfen.
6. Den Käse 1 Stunde vor dem Servieren aus dem Kühlschrank nehmen, auf einer Platte anrichten und mit Estragon garniert servieren. Dazu paßt herzhaftes Bauernbrot.

Zubereitungszeit (ohne Kühlzeit):
ca. 10 Minuten
Pro Portion ca. 474 kJ/113 kcal,
111 g Eiweiß, 1 g Fett,
5 g Kohlenhydrate

Nicht nur in Bayern beliebt: herzhafter "Obazta" mit Romadur.

OBATZTA

Für 4 Portionen:

250 g reifer Romadur
50 g weiche Butter
1 Lauchzwiebel
Salz
Pfeffer aus der Mühle
1 Eigelb
1 kleiner Rettich
1/2 Bund Petersilie

1. Den Romandur mit der Butter in einer Schüssel verkneten.

2. Die Lauchzwiebel putzen, waschen und in kleine Stücke schneiden. Dann unter die Käsemischung rühren. Mit Salz und Pfeffer abschmecken. Das Eigelb unterrühren.

3. Alle Zutaten gut verkneten und zu einem Laib formen.

4. Den Rettich schälen, mit einem Spiralausstecher zu einer Spirale schneiden, mit Salz bestreuen und mit dem Käse auf einer Holzplatte anrichten.

5. Die Petersilie waschen, trockenschütteln, fein hacken und über den Rettich streuen. Dazu passen Laugenbrezeln.

Zubereitungszeit: ca. 20 Minuten
Pro Portion ca. 1460 kJ/347 kcal,
17 g Eiweiß, 27 g Fett,
2 g Kohlenhydrate

FRÄNKISCHE KÄSE-VESPER

Für 4 Portionen:

150 g reifer Limburger
250 g weiche Butter
3 kleine Zwiebeln
(ca. 200 g)
Pfeffer aus der Mühle
Paprikapulver
1 reifer Camenbert (100 g)
100 g Magerquark
100 g Schmelzkäse
(45 % Fett i. Tr.)
2 Eigelb
Salz
Pfeffer aus der Mühle
1 Tl Kümmel
2 El Paprikapulver
150 g Gewürzgurken
4 Tomaten
Petersilie zum Garnieren

1. Den Limburger zunächst mit 150 g Butter verrühren. 1 Zwiebel pellen, in Würfel schneiden und zu der Butter-Käse-Mischung geben.
2. Die Masse zu einem runden Laib formen und mit Pfeffer und Paprikapulver einreiben.
3. Den Camembert mit dem Quark, dem Schmelzkäse und dem Eigelb verrühren.

4. Die restlichen Zwiebeln pellen, in feine Würfel schneiden und unter die Käse-Quark-Masse heben. Mit Pfeffer, Kümmel und Paprikapulver abschmecken.
5. Die Käsemasse zu einem runden Laib formen.
6. Die restliche Butter mit einem Kugelausstecher zu kleinen Bällchen formen.

7. Die Gewürzgurken längs in Streifen schneiden. Die Tomaten waschen, putzen und in Spalten schneiden.
8. Die beiden Käselaibe mit den Butterkugeln, den Gewürzgurken und den Tomaten auf einer Holzplatte anrichten. Mit Petersilie garniert servieren. Mehrkornbrot und Butter dazureichen.

Zubereitungszeit: ca. 20 Minuten
Pro Portion ca. 3104 kJ/739 kcal,
22 g Eiweiß, 65 g Fett,
7 g Kohlenhydrate

Der gehobelte Höhlenkäse verleiht diesem ungewöhnlichen Snack das gewisse Etwas.

Die Grapefruit so schälen, daß die weiße Haut entfernt wird.

Mit einem scharfen Messer vorsichtig quer in Scheiben schneiden.

Die Austernpilze nur kurz abbrausen, damit sie sich nicht mit Wasser vollsaugen können.

Da Austernpilze in der Regel recht groß sind, sollte man sie in kleinere Stücke schneiden.

FLEISCHPLATTE TURINO

Für 4 Portionen:

1 rosa Grapefruit
25 g Ingwer
1 Bund Koriandergrün
1 Tl Zitronensaft
Salz
Pfeffer aus der Mühle
1 Prise Zucker
7 El Olivenöl
350 g Kasseler-Aufschnitt
1 Lollo rosso
200 g Austernpilze
200 g Kirschtomaten
3 El Rotweinessig
150 g Höhlenkäse

1. Die Grapefruit waschen und wie beschrieben schälen. Anschließend in Scheiben schneiden.
2. Den Ingwer schälen und fein reiben. Das Koriandergrün waschen, trockenschütteln und, bis auf ein paar Blätter zum Garnieren, fein hacken.
3. 4 El Wasser mit Zitronensaft, Salz, Pfeffer und Zucker verrühren. 3 El Öl unterrühren. Das gehackte Koriandergrün dazugeben.
4. Das Kasseler und die Grapefruitscheiben auf 4 Tellern anrichten, etwas Platz für den Salat lassen. Die Marinade darüber verteilen und im Kühlschrank ca. 25 Minuten durchziehen lassen.

5. Den Lollo rosso putzen, waschen, trockenschleudern und in mundgerechte Stücke zupfen. Die Austernpilze putzen, wenn nötig kurz abbrausen und vierteln. Die Tomaten putzen, waschen, halbieren.
6. Den Essig mit Salz und Pfeffer verrühren. Das restliche Öl unterrühren. Die Salatzutaten vorsichtig mit der Marinade vermengen und den Salat auf die Teller verteilen. Den Höhlenkäse fein hobeln und darüberstreuen. Mit Kräutern garniert servieren.

Zubereitungszeit: ca. 30 Minuten
Pro Portion ca. 3032 kJ/722 kcal,
31 g Eiweiß, 56 g Fett,
13 g Kohlenhydrate

EINGELEGTER PFEFFERKÄSE

Für 4 Portionen:

600 g Kirschtomaten
1 rote Chillischote
6 Knoblauchzehen
1 El Essig
2 El Zucker
2 Tl Salz
1 Bund Basilikum
1 Bund Oregano
1 Bund Thymian
300 g Mozzarella
1 El bunte Pfefferkörner

1. Die Kirschtomaten waschen und mit einem Holzspieß mehrmals einstechen. Die Chillischote waschen, putzen, halbieren, entkernen und in Stücke schneiden. Die Knoblauchzehen pellen.

2. 1/4 l Wasser mit Essig, Knoblauchzehen, Zucker und Salz aufkochen lassen. Die Kräuter waschen, trockenschütteln und einzelne Zweige abzupfen. Mozzarella abtropfen lassen und vierteln.

3. Tomaten, Chillistücke, Mozzarella und die Kräuter in ein verschließbares Glas geben und mit dem Würzsud übergießen. Die Pfefferkörner in den Würzsud geben. Abkühlen lassen.

4. Das Glas verschließen und an einem kühlen Ort ca. 12 Stunden ziehen lassen.

Zubereitungszeit (ohne Zeit zum Durchziehen): ca. 15 Minuten
Pro Portion ca. 1207 kJ/287 kcal,
17 g Eiweiß, 15 g Fett,
11 g Kohlenhydrate

Dem Mozzarella verleiht eine Marinade mit Knoblauch, Chili, Kräutern und Pfefferkörnern Würze.

PIKANTE KÄSECREME

Für 4 Portionen:

100 g Sbrinz (Schweizer Extrahartkäse)
200 g Provolone piccante (italienischer Hartkäse)
150 g Schinkenspeck
1 rote Chilischote
1 kleine Zwiebel
350 g Magerquark
100 ml Milch
Salz
Paprikapulver
2 cl helles Bier
1 Bund Schnittlauch

1. Den Käse fein raspeln. Den Schinkenspeck in feine Würfel schneiden.
2. Die Chilischote putzen, entkernen, waschen und fein hacken. Die Zwiebel pellen und fein würfeln.
3. Den Quark mit der Milch glattrühren. Die Käseraspeln, den Schinkenspeck, die Chilischote und die Zwiebelwürfel unterheben.
4. Mit Salz und Paprikapulver abschmecken und das Bier unterrühren.
5. Den Schnittlauch waschen, trockenschütteln und in feine Röllchen schneiden. Die Käsecreme mit Schnittlauchröllchen bestreut servieren. In einer Schale anrichten und Cracker dazu reichen.

Zubereitungszeit: ca. 15 Minuten
Pro Portion ca. 1736 kJ/413 kcal,
27 g Eiweiß, 29 g Fett,
4 g Kohlenhydrate

Als Dip oder Brotaufstrich zu genießen: Eine Quarkcreme mit Speck- und Käsewürfeln.

145

Angenehm erfrischend, genau das Richtige für den Sommer: Geeiste Feta-Dickmilch auf Kalbfleisch.

GEEISTE FETA-DICKMILCH AUF KALBFLEISCH

Für 4 Portionen:

400 g Kalbsschulter
Salz
1 Bund Suppengrün
1 Lorbeerblatt
2 Wacholderbeeren
1 1/2 l Dickmilch
150 g Feta, mit Kräutern in Öl eingelegt
Salz
1 Bund Koriandergrün
je 1/2 Bund Minze und Estragon
2 Bund Schnittlauch

1. Das Fleisch in leicht gesalzenem Wasser zusammen mit dem Suppengrün, Lorbeerblatt und Wacholderbeeren in ca. 25 Minuten gar kochen.
2. Inzwischen die Dickmilch mit einem Schneebesen aufschlagen. Den Feta zerbröseln und mit 1/8 l eiskaltem Wasser unter die Dickmilch schlagen. Salzen und kalt stellen.
3. Das Kalbfleisch aus dem Topf nehmen, abtrocknen und in feine Streifen schneiden.
4. Die Kräuter waschen und trockenschütteln. Koriandergrün, Minze und

Estragon fein hacken, Schnittlauch in feine Röllchen schneiden.
5. Das Kalbfleisch auf vier tiefe Teller verteilen. Die Kräuter, bis auf einen kleinen Rest zum Garnieren, darauf legen, die gekühlte Feta-Dickmilch darübergießen und alles mit zerstoßenem Eis und Kräutern garniert servieren.

Zubereitungszeit (ohne Kühlzeit): ca. 15 Minuten
Pro Portion ca. 2076 kJ/495 kcal, 40 g Eiweiß, 25 g Fett, 16 g Kohlenhydrate

HESSISCHER BAUERNSCHMAUS

Für 4 Portionen:

4 Scheiben Bauernbrot
100 g Griebenschmalz
4 Harzer Roller (à 200 g)
1 Zwiebel
8 Scheiben Schinkenspeck
Pfeffer aus der Mühle

1. Die Brotscheiben mit dem Griebenschmalz bestreichen.

2. Den Käse in Scheiben schneiden und auf den Broten verteilen. Die Zwiebel pellen und zu Ringen schneiden.

3. Die Speckscheiben in einer Pfanne auslassen. Die Zwiebelwürfel dazugeben und knusprig hell braun braten.

4. Je 2 Speckscheiben mit gebratenen Zwiebelringen auf den Broten verteilen. Mit frisch gemahlenem Pfeffer bestreut servieren.

Zubereitungszeit: ca. 15 Minuten
Pro Portion ca. 2992 kJ/707 kcal,
33 g Eiweiß, 52 g Fett,
15 g Kohlenhydrate

GAPERON AUF MARINIERTEN PILZEN

Für 4 Portionen:

500 g Austernpilze
1 Zweig Rosmarin
1 Zweig Salbei
5 El Olivenöl
4 El Himbeeressig
Meersalz aus der Mühle
Pfeffer aus der Mühle
1 Prise Zucker
1 Knoblauchzehe
200 g Gaperon

1. Die Pilze kurz abbrausen, trockentupfen und in Scheiben schneiden. Die Kräuter waschen und trockenschütteln, die Blättchen abzupfen. Das Öl in einer Pfanne erhitzen und die Pilze hellbraun anbraten.

2. Den Essig dazugießen und die Kräuter dazugeben. Einige Blättchen zum Garnieren zurückbehalten. Das Ganze kurz aufkochen lassen, mit Salz, Pfeffer und Zucker abschmecken.

3. Die Pilze abkühlen lassen und mindesten 2 Stunden marinieren lassen.

4. Die Knoblauchzehe pellen und vier Dessertschalen mit Knoblauch einreiben. Die Pilze darauf verteilen. Den Käse darüber hobeln und mit den Kräutern garniert servieren.

Zubereitungszeit (ohne Zeit zum Marinieren): ca. 20 Minuten
Pro Portion ca. 1506 kJ/358 kcal,
16 g Eiweiß, 28 g Fett,
4 g Kohlenhydrate

Die einfachsten Gerichte sind oft die besten: Marinierte Austernpilze mit gehobeltem Gaperon.

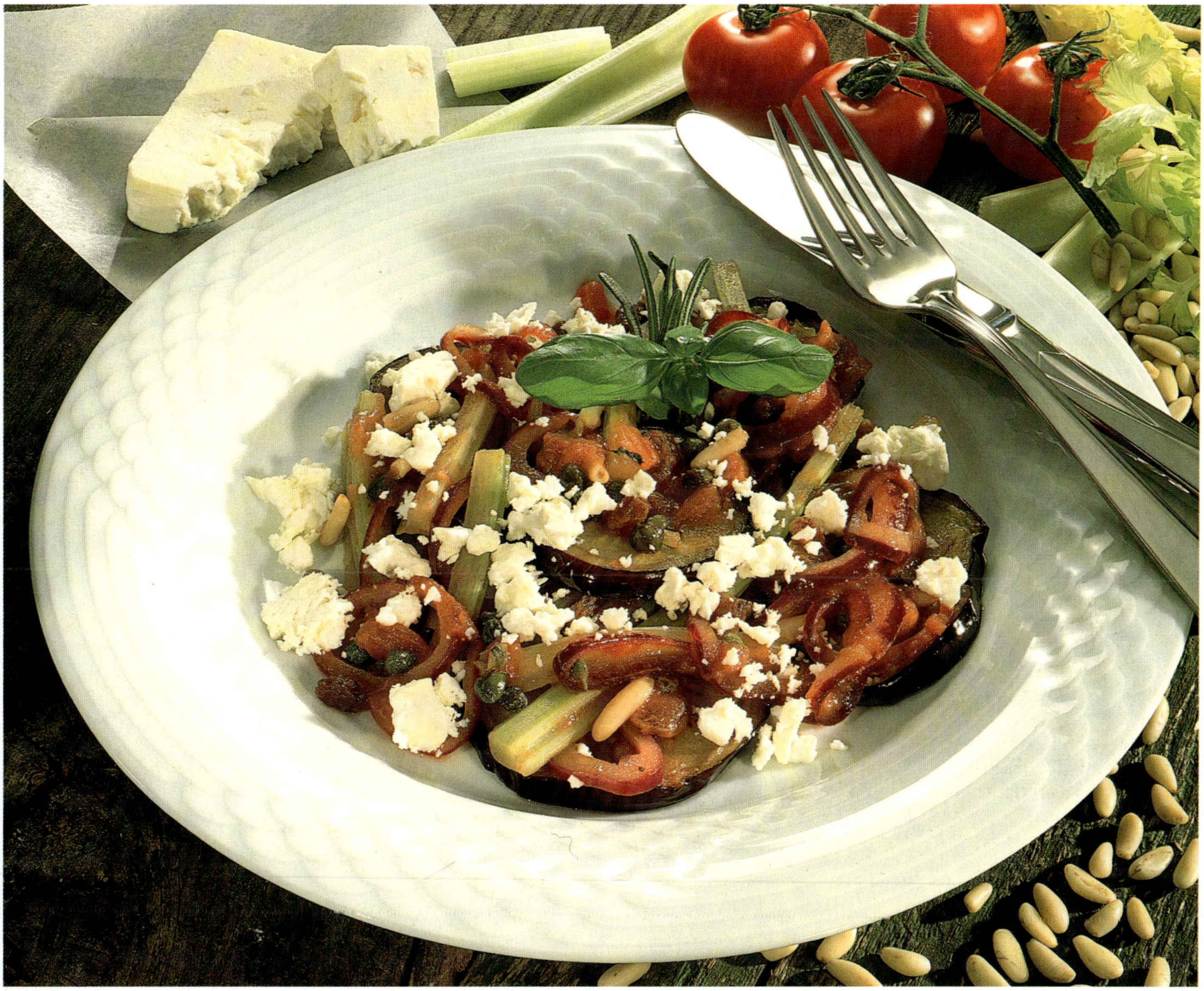

Knackiges Sommergemüse in einer süß-sauren Marinade, dazu würziger Schafskäse.

SÜSS-SAURES GEMÜSE MIT SCHAFSKÄSE

Für 4 Portionen:

500 g Auberginen
Salz
200 g Staudensellerie
6 kleine rote Zwiebeln
7 El Knoblauchöl
400 g Tomaten
50 g Kapern
2 El Zucker
1 El Rosinen
10 g gehackte Pinienkerne
100 ml Balsamessig
Pfeffer aus der Mühle
200 g Schafskäse
Kräuter zum Garnieren

1. Die Auberginen waschen, in Scheiben schneiden und von beiden Seiten mit Salz bestreuen. Ca. 20 Minuten durchziehen lassen.

2. Sellerie putzen, waschen, in Stücke schneiden und längs halbieren Die Zwiebeln pellen und in Ringe schneiden.

3. Die Auberginen mit Küchenpapier trockentupfen. Das Öl in einer Pfanne erhitzen und die Auberginenscheiben darin portionsweise anbraten. Auf Küchenpapier abtropfen lassen.

4. Die Tomaten waschen, kreuzweise einritzen, kurz in siedenes Wasser tauchen, häuten, halbieren, entkernen und in Stücke schneiden.

5. Zwiebeln, Sellerie und Tomaten im Bratfett andünsten. Auberginen, Kapern, Zucker, Rosinen, Pinienkerne und Essig hinzufügen. Ca. 10 Minuten zugedeckt weiterschmoren lassen. Mit Salz und Pfeffer abschmecken.

6. Das Gemüse abkühlen lassen, auf Tellern anrichten, den Schafskäse darüber zerbröseln und mit Kräutern garniert servieren.

Zubereitungszeit: ca. 45 Minuten
Pro Portion ca. 2082 kJ/495 kcal,
13 g Eiweiß, 38 g Fett,
19 g Kohlenhydrate

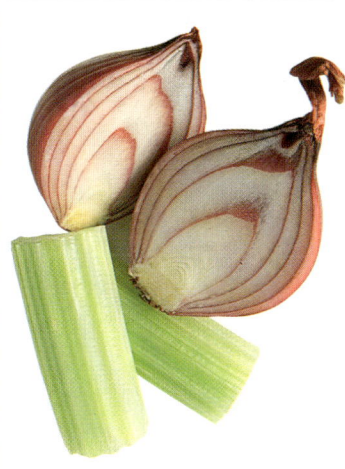

KLEINE WARME KÄSEGERICHTE

Diese Snacks sind immer "heiß" begehrt . Sie begeistern nicht nur unerwartete Gäste – verwöhnen Sie sich doch mal selbst mit solch einem leckeren Imbiß.

DINKEL-CHILI-PUFFER

Für 4 Portionen:

200 g Dinkel
1/4 l Instant-Gemüsebrühe
3 rote Paprikaschoten
2 Chilischoten
Salz
1 Zwiebel
200 g Zucchini
2 Eier
4 El Paniermehl
100 g Gouda
Cayennepfeffer
50 ml Öl
Paprikapulver

1. Den Dinkel waschen und zusammen mit der Gemüsebrühe zum Kochen bringen. Bei milder Hitze zugedeckt ca. 20 Minuten ausquellen lassen.

2. Die Paprika- und die Chilischoten putzen, halbieren, entkernen, waschen und in grobe Stücke schneiden. Zusammen in wenig Salzwasser zugedeckt ca. 10 Minuten dünsten. Abgießen und mit dem Schneidstab des Handrührers fein pürieren.

3. Die Zwiebel pellen, die Zucchini putzen und waschen, beides grob reiben. Mit den Eiern und dem Paniermehl verrühren.

4. Den Käse in kleine Würfel schneiden und mit dem Dinkel unter die Gemüse-Eier-Mischung heben. Die Masse mit Salz und Cayennepfeffer kräftig abschmecken.

5. Etwas Öl in einer Pfanne erhitzen und aus dem Teig portionsweise kleine Puffer knusprig ausbraten. Die Puffer auf Küchenpapier abtropfen lassen.

6. Das Paprika-Chili-Püree mit Salz, Cayennepfeffer und Paprikapulver abschmecken und als Sauce zu den Dinkelpuffern servieren.

Zubereitungszeit: ca. 45 Minuten
Pro Portion ca. 1404 kJ/334 kcal,
12 g Eiweiß, 25 g Fett,
10 g Kohlenhydrate

Korngesund: Puffer aus Getreide, Gemüse und Gouda.

Der saftige Hackfleischteig wird durch den Belag aus Paprika, Mozzarella und Oliven bestens ergänzt.

FLEISCHKUCHEN MIT MOZZARELLA UND PAPRIKA

Für 4 Portionen:

3 altbackene Brötchen
2 Zwiebeln
2 Eier
1 kg Rinderhackfleisch
1 El Salz
Pfeffer aus der Mühle
1 El Paprikapulver
Fett für das Backblech
2 rote Paprikaschoten
300 g Mozzarella
15 schwarze Oliven
ohne Stein
1 Knoblauchzehe
1/2 Bund Oregano
1/2 Bund Thymian

1. Die Brötchen in kaltem Wasser einweichen. Die Zwiebeln pellen und fein würfeln. Zwiebel, Eier und ausgedrückte Brötchen zu dem Hackfleisch geben und alles gut verkneten.
2. Den Hackfleischteig mit Salz, Pfeffer und Paprikapulver kräftig abschmecken. Ein Backblech fetten und den Hackfleischteig darauf glattstreichen. Im vorgeheizten Backofen bei 200°C (Gas Stufe 3/Umluft 180°C) Grad auf der 2. Einschubleiste von unten 30-35 Minuten garen.
3. Inzwischen die Paprikaschoten waschen, halbieren, entkernen und in kleine Würfel schneiden.

Den Mozzarella ebenfalls würfeln. Die Oliven in Scheiben schneiden. Alle Zutaten mischen.
4. Den Knoblauch pellen und durchpressen. Die Kräuter waschen, trockenschütteln und die Blättchen abzupfen. 3/4 der Kräuter und den Knoblauch unter die Paprika-Käse-Mischung heben. Mit Salz und Pfeffer würzen.
5. 8 Minuten vor Ende der Garzeit den Hackfleischkuchen mit der Paprika-Käse-Mischung bestreuen und auf der 2. Einschubleiste von oben fertigbacken.
6. Den Hackfleischkuchen aus dem Backofen nehmen, mit den restlichen Kräutern bestreuen und in

Stücke schneiden. Dazu paßt Bauernbrot und ein gemischter Salat.

Zubereitungszeit: ca.40 Minuten
Pro Portion ca. 3861 kJ/919 kcal,
62 g Eiweiß, 55 g Fett,
28 g Kohlenhydrate

CREPES MIT FRISCH-KÄSEFÜLLUNG

Für 4 Portionen:

2 Eier
200 g Schlagsahne
Salz
5 El Mehl
250 g Möhren
1 Bund Schnittlauch
250 g Frischkäse
3 El Kräuteressig
1 El Tomatenmark
Öl zum Braten
Kräuter zum Garnieren

1. Die Eier mit der Sahne und etwas Salz verquirlen. Das Mehl unterrühren und den Teig ca. 15 Minuten ruhenlassen.
2. Die Möhren schälen und grob raspeln. Den Schnittlauch waschen, trockenschütteln und in feine Röllchen schneiden.

3. Den Frischkäse mit dem Essig und dem Tomatenmark glattrühren. Mit Salz abschmecken und die Möhrenraspel und den Schnittlauch unterrühren.
4. Das Öl in einer Pfanne erhitzen und aus dem Teig nacheinander 8 dünne Crêpes backen.

5. Die Crêpes mit dem Frischkäse bestreichen und aufrollen. Jeden Crêpe in ca. 1 cm dicke Scheiben schneiden, auf Tellern anrichten und mit Kräutern garniert servieren.

Zubereitungszeit: ca. 45 Minuten
Pro Portion ca. 1989 kJ/473 kcal
14 g Eiweiß, 39 g Fett,
11 g Kohlenhydrate

Weinblätter mal anders gefüllt: mit pikanter Kartoffel-Schmand-Creme.

Die Weinblätter auf einer Arbeitsplatte ausbreiten und jeweils 2 übereinanderlegen.

Mit einem Löffel jeweils 2-3 Portionen von der Käsecreme auf die Mitte der Weinblätter geben.

Die Weinblätter zusammenlegen und mit den Fingern etwas andrücken.

Die gefüllten Weinblätter nebeneinander in eine Form geben.

WEINBLÄTTER MIT KÄSE-SCHMAND-FÜLLUNG

Für 4 Portionen:

1 kg Kartoffeln
Salz
2 Tomaten
2 Schalotten
1 Knoblauchzehe
200 g Schmand
Salz
Pfeffer aus der Mühle
150 g Pecorino
(italienischer Hartkäse)
1 Bund gemischte Kräuter
(Basilikum, Thymian,
Oregano)
1 Packung eingelegte
Weinblätter (240 g)
Butter für die Form
2 El Öl

1. Die Kartoffeln waschen und in der Schale in nur wenig Salzwasser ca. 20 Minuten kochen.
2. Die Tomaten kreuzweise einritzen, kurz in siedendes Wasser tauchen, herausnehmen, abschrecken, häuten, vierteln, entkernen und in Würfel schneiden.
3. Die Schalotten und den Knoblauch pellen und fein würfeln.
4. Den Schmand mit den Tomatenwürfeln, den Schalotten und dem Knoblauch verrühren. Mit Salz und Pfeffer kräftig abschmecken.
5. Den Käse fein reiben und unter den Schmand rühren.
6. Die Kartoffeln abgießen, pellen, halbieren und grob zerstampfen. Den Kartoffelbrei unter die Schmandcreme rühren.

7. Die Kräuter waschen, trockenschütteln und, bis auf ein paar Kräuter zum Garnieren, fein hacken. Zur Creme geben und unterrühren.
8. Die Weinblätter abtropfen lassen und jeweils etwas Creme auf die Weinblätter geben. Die Weinblätter wie beschrieben zu Kugeln formen und in eine gefettete Auflaufform (2 l Inhalt) legen.
9. Die gefüllten Weinblätter mit etwas Öl beträufeln und im vorgeheizten Backofen bei 225°C (Gas Stufe 4/Umluft 220°C) auf der 2. Einschubleiste 15-20 Minuten backen. Mit Kräutern garniert servieren.

Zubereitungszeit: ca. 45 Minuten
Pro Portion ca. 2446 kJ/582 kcal,
18 g Eiweiß, 31 g Fett,
48 g Kohlenhydrate

GEBACKENER CAMEMBERT

Für 4 Portionen:

4 Camemberthälften
2 Eier
2 El Paniermehl
schwarzer Pfeffer aus der Mühle
1 l Öl zum Fritieren
8 Cräcker
Cumberlandsauce (Fertigprodukt)
Kräuter zum Garnieren

1. Die Camembert-Hälften einmal quer durchschneiden.

2. Die Eier verquirlen. Das Paniermehl auf einem flachen Teller verteilen und mit etwas Pfeffer bestreuen. Die Camembert-Stücke zuerst in dem Ei, dann in dem Paniermehl mit etwas Pfeffer wenden.

3. Das Öl in einer Friteuse erhitzen und den Camembert darin goldbraun ausbacken. Auf Küchenpapier abtropfen lassen.

4. Auf jeden Cräcker ein Stück Camembert legen und mit der Cumberlandsauce anrichten. Mit Kräutern garniert servieren.

Zubereitungszeit: ca. 25 Minuten
Pro Portion ca. 1912 kJ/455 kcal,
23 g Eiweiß, 36 g Fett,
2 g Kohlenhydrate

Knusprig gebackener Camembert – dieser beliebte Snack läßt sich schnell zubereiten.

KÄSE-BULETTEN

Für 4 Portionen:

1 Zwiebel
2 altbackene Brötchen
200 ml lauwarme Milch
500 g Hackfleisch, halb und halb
Salz
Pfeffer aus der Mühle
geriebene Muskatnuß
200 g Schafs- oder Ziegenkäse
4 El Öl
Kräuter zum Garnieren

1. Die Zwiebel pellen und in Würfel schneiden. Die Brötchen in der lauwarmen. Milch einweichen, ausdrücken und mit den Zwiebelwürfeln zum Hackfleisch geben.
2. Alles verkneten und kräftig mit Salz, Pfeffer und Muskat würzen.
3. Den Käse in grobe Würfel schneiden. Aus dem Hackfleisch Buletten formen und diese jeweils mit einem gehäuften Eßlöffel Käsewürfel füllen.
4. Das Öl erhitzen und die Bouletten darin von jeder Seite 5-8 Minuten braten. Mit Kräutern garniert servieren.

Zubereitungszeit: ca. 35 Minuten
Pro Portion ca. 2215 kJ/527 kcal,
32 g Eiweiß, 39 g Fett,
1 g Kohlenhydrate

Die Hackfleisch-Buletten werden mit Schafskäse gefüllt.

PIKANTE KÄSE-PAPRIKA-KUGELN

Für 4 Portionen:

500 g Frischkäse (Doppelrahmstufe)
2 Eier
75 g weiche Butter
60 g Mehl
1 rote Paprikaschote
2 Lauchzwiebeln
2 Gewürzgurken
1 Tl Salz
Pfeffer aus der Mühle
Paprikapulver
5 El Mehl
3 El Olivenöl
1 Bund Petersilie

1. Den Frischkäse mit den Eiern in einer Schüssel verrühren. Die Butter und das Mehl dazugeben und alles zu einer glatten Masse verrühren.
2. Die Paprikaschote halbieren, entkernen und waschen. Die Lauchzwiebeln putzen, waschen und fein hacken. Die Paprika und die Gewürzgurken fein würfeln.
3. Das Gemüse unter die Frischkäsemasse kneten.

Mit den Gewürzen pikant abschmecken. Mit einem Teelöffel jeweils etwas von der Masse abstechen und zu Kugeln formen.
4. 2 l Wasser in einem Topf zum Kochen bringen, die Käse-Paprika-Kugeln hineingeben und so lange garen, bis sie an der Oberfläche schwimmen.
5. Die Käse-Paprika-Kugeln herausnehmen und in einem Sieb abtropfen lassen.
6. Das Öl in einer Pfanne erhitzen, die Käse-Paprika-Kugeln mehrmals in dem Mehl wenden und in dem heißen Fett portionsweise rundherum goldbraun braten. Auf Küchenpapier abtropfen lassen.
7. Die Petersilie waschen, trockenschütteln und kleine Sträußchen abzupfen. Die Käse-Paprika-Kugeln auf Tellern anrichten und mit Petersilie garniert servieren. Baguette dazu reichen.

Zubereitungszeit: ca. 30 Minuten
Pro Portion ca. 2353 kJ/560 kcal,
21 g Eiweiß, 42 g Fett,
16 g Kohlenhydrate

Die Käse-Paprika-Kugeln mit einer Schaumkelle portionsweise in siedenes Wasser geben.

Die in Mehl gewendeten Kugeln in heißem Fett portionsweise braten.

KARTOFFELN MIT GRÜNKERN-KÄSE-KRUSTE

Für 4 Portonen:

25 g Grünkernschrot
1/8 l Instant-Gemüsebrühe
1 Bund Petersilie
3 Knoblauchzehen
60 g Butterkäse
1 Ei
1 El Kräuter der Provence
Pfeffer aus der Mühle
4 große Kartoffeln
(ca. 800 g)
Öl zum Bestreichen
1 Bund Radieschen
2 Lauchzwiebeln
250 g Joghurt
Salz
Kräuter zum Garnieren

1. Den Grünkernschrot über Nacht in der Brühe ausquellen lassen.

2. Die Petersilie waschen, trockenschütteln und, bis auf einen kleinen Rest zum Garnieren, fein hacken. Die Knoblauchzehen pellen. Den Käse in kleine Würfel schneiden.

3. Petersilie, 2 durchgepreßte Knoblauchzehen, das Ei, Kräuter der Provence und die Käsewürfel unter die Grünkernmasse rühren. Mit Pfeffer würzen.

4. Die Kartoffeln waschen und der Länge nach halbieren. Die Schnittflächen mit Öl bestreichen. Ein Backblech mit Backpapier auslegen, die Kartoffeln daraufsetzen und im vor-geheizten Backofen bei 200°C (Gas Stufe 3/Umluft 180°C) auf der 2. Einschubleiste von unten ca. 35 Minuten backen.

5. Inzwischen die Radieschen und Lauchzwiebeln putzen, waschen und in feine Scheiben bzw. Ringe schneiden.

6. Den Joghurt in eine Schüssel geben, die Radieschen und die Lauchzwiebeln unterrühren. Die restliche Knoblauchzehe dazupressen. Alles verrühren und mit Salz und Pfeffer abschmecken.

7. Nach 35 Minuten das Backblech aus dem Ofen nehmen und den Grünkernbrei auf den Schnittflächen der Kartoffeln ver-teilen. Nochmals alles 5-10 Minuten überbacken, bis die Oberfläche goldbraun ist.

8. Die Kartoffelhälften mit dem Joghurt-Dip auf Tellern anrichten und mit Kräutern garniert servieren.

Zubereitungszeit: ca. 50 Minuten
Pro Portion ca. 1464 kJ/348 kcal,
16 g Eiweiß, 13 g Fett,
36 g Kohlenhydrate

Kartoffelhälften werden mit Käse und Grünkern knusprig überbacken. Dazu gibt es einen Joghurt-Gemüse-Dip.

Pfannkuchen werden mit einer köstlichen Roquefortcreme zu einer Torte zusammengesetzt.

PIKANTE PFANN-KUCHENTORTE

Für 4 Portionen:

300 g Mehl
200 ml Milch
4 Eier
Salz
60 ml Öl zum Braten
300 g Roquefort
150 g Crème fraîche
3 El Birnensaft
1 Bund Schnittlauch
Pfeffer aus der Mühle

1. Das Mehl mit der Milch, den Eiern und etwas Salz zu einem Pfannkuchenteig verrühren.
2. Öl in einer Pfanne erhitzen und aus dem Teig ca. 4 gleichgroße Pfannkuchen ausbacken.
3. Den Roquefort mit einer Gabel zerdrücken und mit der Crème fraîche und dem Birnensaft verrühren.
4. Den Schnittlauch waschen, trockenschütteln und in feine Röllchen schneiden. Unter die Käsecreme rühren, mit Salz und Pfeffer pikant abschmecken.
5. Die Pfannkuchen mit der Käsecreme bestreichen und übereinanderschichten. Sofort in Stücke schneiden und servieren.

Zubereitungszeit: ca. 45 Minuten
Pro Portion ca. 3927 kJ/935 kcal,
34 g Eiweiß, 59 g Fett,
53 g Kohlenhydrate

RUSTIKALE KÄSE-TÖRTCHEN

Für 4 Portionen:
200 g Kartoffeln
30 g Butter
75 g Crème fraîche
50 g Speck
Salz
Pfeffer aus der Mühle
Kräuter der Provence
250 g Mozzarella

1. Die Kartoffeln waschen und in der Schale ca. 20 Minuten kochen. Abgießen, pellen, stampfen und durch ein Sieb drücken.

2. Den Kartoffelbrei mit der Butter und der Crème fraîche mischen. Den Speck in kleine Würfel schneiden, unterheben und alles mit Salz, Pfeffer und Kräutern der Provence abschmecken.

3. Die Masse in 4 feuerfeste Förmchen mit 10 cm Ø füllen. Den Käse in Scheiben schneiden die Kartoffelmasse damit im Grill 8-10 Minuten überbacken.

Zubereitungszeit: ca. 40 Minuten
Pro Portion ca. 1518 kJ/361 kcal,
15 g Eiweiß, 26 g Fett,
9 g Kohlenhydrate

Die rustikalen Käse-Törtchen werden auch ihre Gäste beeindrucken.

FEINE SOUFFLÉS MIT KRÄUTERBUTTER

Für 4 Portionen:

200 g Butter
4 El Mehl
375 ml Milch
4 Eier
300 g fein geriebener
Pecorino
125 ml trockener Roséwein
Pfeffer aus der Mühle
geriebene Muskatnuß
Paprikapulver rosenscharf
2 Bund Petersilie
1 Bund Basilikum
1 Knoblauchzehe
Salz

1. 120 g Butter in einem Topf erwärmen und mit dem Mehl verrühren. Die Milch hinzufügen. Alles unter ständigem Rühren köcheln lassen, bis eine glatte, cremige Sauce entsteht. Den Topf vom Herd nehmen.

2. Die Eier trennen. Das Eigelb unter die Sauce rühren. 200 g Pecorino mit dem Wein verrühren und unterziehen. Mit Pfeffer, Muskat und Paprikapulver würzen. Die Masse in 4 Souffléförmchen geben.

3. Das Eiweiß zu Schnee schlagen und vorsichtig unterziehen. Die Kräuter waschen, trochenschütteln und fein hacken. Mit der restlichen Butter mischen. Die Knoblauchzehe pellen und dazupressen. Mit Salz und Pfeffer abschmecken.

4. Die Kräuterbutter über die Soufflés verteilen und alles mit dem restlichen Pecorino bestreuen. Im vorgeheizten Backofen bei 180°C (Gas Stufe 2/Umluft 160°C) auf der 2. Eischubleiste von unten ca. 20 Minuten backen. Während der Backzeit darf die Ofentür nicht geöffnet werden, da die Soufflés zusammenfallen könnten.

Zubereitungszeit: ca. 40 Minuten
Pro Portion ca. 3502 kJ/834 kcal,
31 g Eiweiß, 69 g Fett,
13 g Kohlenhydrate

Die Käsesoufflés werden mit Kräuterbutter bestrichen im Ofen gegart.

Die cremige Frischkäsefüllung ist die ideale Ergänzung der knusprigen Kartoffelnester.

Die Kartoffeln auf einer Reibe in strohhalmdünne Streifen schneiden.

Um das Stärkewasser zu entfernen, trocknet man die Kartoffelstreifen mit einem Küchentuch ab.

Damit die Kartoffelstreifen nicht herausfallen können, klemmt man sie in ein Kartoffelnest-Sieb.

In siedend heißes Fett halten, bis die Kartoffelstreifen goldbraun sind.

KNUSPRIGE KARTOFFELNESTER MIT KÄSEFÜLLUNG

Für 4 Portionen:

300 g Doppelrahmfrischkäse
50 g weiche Butter
2 El Crème fraîche
100 g Salami am Stück
1 rote Paprikaschote
3 Frühlingszwiebeln
1 Bund Schnittlauch
Paprikapulver rosenscharf
Salz
Pfeffer aus der Mühle
2 mittelgroße Kartoffeln
(ca. 200 g)
Fett zum Fritieren
Kräuter zum Garnieren

1. Den Frischkäse mit der Butter und Crème fraîche verrühren. Die Salami häuten, in 2 mm dünne Scheiben schneiden und sehr klein würfeln.
2. Die Paprikaschote waschen, halbieren, putzen und ebenfalls in sehr kleine Würfel schneiden. Die Frühlingszwiebeln putzen, waschen und klein hacken. Den Schnittlauch waschen, trockenschütteln und in kleine Röllchen schneiden.
3. Salami, Paprika, Frühlingszwiebeln und Schnittlauch unter die Käsecreme rühren. Mit Paprikapulver, Salz und Pfeffer abschmecken.
4. Die Kartoffeln schälen, reiben und trockentupfen wie oben beschrieben (Schritt 1 und 2). Das Fett zum Fritieren in einem Topf auf ca. 170° C erhitzen.
5. Ein Kartoffelnest-Sieb oder ein kleines Metallsiebchen mit Kartoffelstreifen auslegen, ein zweites darauf drücken und verschließen. Im heißen Fett backen.
6. Das Sieb gut abtropfen lassen. Das Nest vorsichtig aus dem Sieb lösen und leicht salzen. Die übrigen Kartoffelnester ebenso backen.
7. Die Käsecreme in die Kartoffelnester füllen und sie im vorgeheizten Backofen bei 100°C (Gas Stufe 1/Umluft 80°C) auf der 2. Einschubleiste von unten 5-8 Minuten backen.
8. Die Kartoffelnester auf Tellern anrichten und mit Kräutern garniert servieren.

Zubereitungszeit: ca. 45 Minuten
Pro Portion ca. 4297 kJ/1023 kcal, 18 g Eiweiß, 90 g Fett, 16 g Kohlenhydrate

PIKANTE KUCHEN UND KÄSEGEBÄCK

Was wären die schönste Pizza oder Quiche ohne einen Belag aus zartschmelzendem Käse oder einen üppigen Käseguß? Und auch selbstgemachtes pikantes Gebäck wird durch Käse gleich nochmal so gut.

KARTOFFEL-KÄSE-KUCHEN

Für 12 Stücke:

500 g Mehl
40 g Hefe
1/4 l lauwarme Milch
50 g Zucker
1 Prise Salz
50 g Butter
3 Eier
500 g Kartoffeln
250 g geriebener Emmentaler
Mehl zum Ausrollen
Fett für das Blech
375 g durchwachsener Speck
2 Zwiebeln
1 Bund Petersilie
1 Bund Schnittlauch
150 g saure Sahne
1 Tl Kümmel
Salz
Pfeffer aus der Mühle

1. Das Mehl in eine Schüssel sieben, in die Mitte eine Vertiefung drücken und die Hefe hineinbröckeln. Etwas Zucker über die Hefe streuen, die Milch darübergießen und die Hefe darin auflösen.

2. Restlichen Zucker, Salz, Butter in Flöckchen und 2 Eier auf dem Mehlrand verteilen. Alle Zutaten von der Mitte aus zu einem glatten Teig verkneten.

3. Den Teig dann zugedeckt an einem warmen Ort 30-40 Minuten gehen lassen.

4. Inzwischen die Kartoffeln schälen und in leicht gesalzenem Wasser garkochen. Durch eine Presse drücken und mit dem Käse verrühren.

5. Den Hefeteig nochmals durchkneten, auf einer bemehlten Arbeitsfläche auf Backblechgröße ausrollen und auf ein gefettetes Backblech legen. Den Teig noch einmal 30 Minuten ruhen lassen.

6. Den Speck in Würfel schneiden und in einer Pfanne auslassen.

7. Die Zwiebeln pellen, fein würfeln, zum Speck geben und glasig dünsten.

8. Die Petersilie und den Schnittlauch waschen und trockenschütteln. Die Petersilie fein hacken, den Schnittlauch in feine Röllchen schneiden.

9. Das restliche Ei mit der sauren Sahne, dem Kümmel und etwas Salz und Pfeffer verrühren. Die Kräuter untermengen.

10. Die Kartoffel-Käse-Masse auf dem Hefeteig verteilen. Die Speckzwiebeln darübergeben und mit der Ei-Sahne-Mischung begießen.

11. Den Kartoffelkuchen im vorgeheizten Backofen bei 250°C (Gas Stufe 6/Umluft 225°C) auf der 2. Einschubleiste von unten ca. 40 Minuten backen.

Zubereitungszeit:
ca. 2 1/2 Stunden
Pro Stück ca. 1537 kJ/370 kcal,
18 g Eiweiß, 14 g Fett,
36 g Kohlenhydrate

Ein Gebäck, das alle begeistern wird: Teigtaschen mit Lammfleisch und Ziegenfrischkäse.

Die Teigplatten auf einer bemehlten Arbeitsfläche jeweils auf eine Größe von 30x25 cm ausrollen.

Mit einem Eßlöffel die Käse-Fleischmasse in die Mitte der Teigkreise geben.

Die Teigränder mit dem verquirlten Eiweiß ca. 1 cm breit bestreichen.

Mit den Fingern die Teigränder etwas andrücken, damit die Füllung beim Backen nicht herausquillt.

TÜRKISCHE FLEISCH-TASCHEN MIT ZIEGENFRISCHKÄSE

Für 12 Stück:

2 Pakete TK-Blätterteig (à 300 g)
2 Zwiebeln
1 Knoblauchzehe
3 El Sonnenblumenöl
250 g Lammhackfleisch
250 g Ziegenfrischkäse
150 g gefüllte Oliven
1/2 Bund Rosmarin
1/2 Bund Salbei
1/2 Bund Oregano
1/2 Bund glatte Petersilie
Salz
Pfeffer aus der Mühle
1 Msp. gemahlener Kümmel
2 Eier (getrennt)
Kümmelkörner zum Bestreuen

1. Die Blätterteigplatten auseinanderlegen und nach Packungsanweisung auftauen lassen. Die Zwiebeln und Knoblauchzehe pellen und fein hacken.
2. Das Öl in einer Pfanne erhitzen und das Lammhackfleisch darin anbraten. Zwiebeln und Knoblauch dazugeben und ca. 7 Minuten dünsten.
3. Den Käse zerbröseln und die Oliven fein hacken. Die Kräuter waschen, trockenschütteln und fein hacken. Alles unter die Fleischmasse rühren, mit Salz, Pfeffer und Kümmel abschmecken.
4. Die Teigplatten leicht überlappend nebeneinanderlegen und wie beschrieben ausrollen. 12 Kreise von 10 cm Ø ausschneiden. Jeden Teigkreis mit etwas Fleisch-masse belegen, dabei einen Rand frei lassen.
5. Das Eiweiß verquirlen und die Teigränder damit bestreichen. Die Teigkreise zusammenklappen und die Ränder andrücken. Die Teigtaschen mit dem verquirlten Eigelb bestreichen und mit Kümmelkörnern bestreuen.
6. Die Teigtaschen auf ein mit Backpapier ausgelegtes Backblech legen und im vorgeheizten Backofen bei 200°C (Gas Stufe 3/ Umluft 180°C) auf der 2. Einschubleiste von unten ca. 25-30 Minuten backen.

Zubereitungszeit: ca. 40 Minuten
Pro Stück ca. 1583 kJ/376 kcal,
10 g Eiweiß, 27 g Fett,
16 g Kohlenhydrate

Für diese Gemüsetarte wird ein knuspriger Mürbeteig mit Gemüse belegt und durch einen üppigen Frischkäse-Guß abgerundet.

GEMÜSE-TARTE

Für 12 Stücke:

175 g Mehl
1 Msp. Backpulver
90 g Butter
1 Ei
Salz
Butter für die Form
Mehl zum Ausrollen
500 g getrocknete Erbsen
zum Blindbacken
400 g Tomaten
400 g Brokkoli
300 g Kräuterfrischkäse
(Doppelrahmstufe)
100 ml Milch
3 Eigelb
1/2 Bund Rosmarin
Pfeffer aus der Mühle
50 g Sonnenblumenkerne

1. Mehl, Backpulver, Butter, das Ei und 1 Prise Salz mit den Knethaken des Handrührers zu einem glatten Teig verkneten. In Klarsichtfolie wickeln und ca. 30 Minuten kalt stellen.

2. Eine Tarteform (28 cm Ø) mit Butter ausfetten. Den Teig auf bemehlter Arbeitsfläche zu einem Kreis von ca. 32 cm Ø ausrollen.

3. Die Teigplatte in die Tarteform legen, den Rand leicht andrücken und glattschneiden. Den Teigboden mit einer Gabel mehrmals einstechen und mit Backpapier belegen. Die Erbsen daraufgeben und den Boden im vorgeheizten Backofen bei 175°C (Gas Stufe 2/Umluft 160°C) auf der 2. Einschubleiste von unten 15-20 Minuten vorbacken.

4. Inzwischen die Tomaten waschen, halbieren, den Stielansatz entfernen und die Tomaten in Scheiben schneiden. Den Brokkoli putzen, waschen und in Röschen teilen.

5. Den Frischkäse mit der Milch und dem Eigelb glattrühren. Den Rosmarin waschen, trockenschütteln, fein hacken und unter die Käsecreme rühren. Mit Salz und Pfeffer abschmecken.

6. Die Form aus dem Ofen nehmen und das Backpapier mit den Erbsen entfernen. Den Boden etwas abkühlen lassen.

7. Die Sonnenblumenkerne grob hacken. Die Tomatenscheiben und die Brokkoliröschen auf dem Teigboden geben. Die Käse-creme darübergießen, mit den gehackten Sonnenblumenkernen bestreuen und im vorgeheizten Backofen bei gleicher Temperatur in 40-45 Minuten fertigbacken. Warm servieren.

Zubereitungszeit (ohne Kühlzeit):
ca. 1 Stunde
Pro Stück ca. 922 kJ/219 kcal,
8 g Eiweiß, 13 g Fett,
12 g Kohlenhydrate

Besonders saftig: Pie mit einer Füllung aus Sommergemüse und Mascarpone.

GEMÜSE-PIE MIT MASCARPONE

Für 12 Stücke:

500 g Mehl
Salz
100 ml Olivenöl
1 Zucchini
1 Aubergine
1 rote Paprikaschote
1 Zwiebel
2 Tomaten
1/4 Bund Basilikum
1/4 Bund Oregano
1 Knoblauchzehe
Pfeffer aus der Mühle
200 g Mascarpone
4 El Milch
2 El Crème fraîche
50 g gehobelter Bel Paese
Butter für die Form
Mehl für die Form und zum Ausrollen
Etwas Öl zum Bestreichen

1. Das Mehl mit 225 ml Wasser, 1 Tl Salz und 75 ml Öl mit den Knethaken des Handrühers zu einem glatten Teig verkneten. Den Teig ca. 1 Stunde unter einem feuchten Tuch ruhen lassen.
2. Inzwischen die Zucchini und die Aubergine putzen, waschen und in Scheiben schneiden. Die Paprika halbieren, das Kerngehäuse entfernen, die Schotenhälften waschen und in Streifen schneiden. Die Zwiebel pellen und würfeln. Die Tomaten waschen, kreuzweise einritzen, kurz in siedenes Wasser tauchen, abschrecken, häuten, vierteln und in Würfel schneiden. Die Kräuter wachen, trockenschütteln und fein hacken.

3. Das restliche Öl in einem Topf erhitzen und die Zucchini und die Auberginen darin ca. 5 Minuten dünsten. Dann die Tomaten dazugeben. Den Knoblauch pellen, durchpressen und mit den Kräutern unterrühren. Mit Salz und Pfeffer würzen. Das Gemüse bei milder Hitze weitere 5 Minuten zugedeckt köcheln lassen.
4. Den Mascarpone mit der Milch, der Crème fraîche und dem Bel Paese verrühren. Mit Salz und Pfeffer würzen. Die Creme unter das Gemüse heben.
5. Eine Springform (24 cm Ø) mit Butter ausfetten und mit Mehl bestäuben. Den Teig auf der bemehlten Arbeitsfläche zu einem Kreis von ca. 50 cm Ø ausrollen und mit Öl bestreichen.

6. Den Teig in die Springform legen, die Ränder etwas andrücken und den restlichen Teig über den Rand lappen lassen. Die Gemüse-Käse-Mischung einfüllen und mit dem überlappenden Teig bedecken. Die Ränder so zusammendrücken, daß in der Mitte ein Loch offen bleibt, damit die Hitze entweichen kann.
7. Die Pie im vorgeheizten Backofen bei 200°C (Gas Stufe 3/Umluft 180°C) auf der 2. Einschubleiste von unten ca. 70 Minuten backen. Warm servieren.

Zubereitungszeit (ohne Ruhezeit): ca. 1 3/4 Stunden
Pro Stück ca. 1086 kJ/258 kcal, 8 g Eiweiß, 9 g Fett, 30 g Kohlenhydrate

BLÄTTERTEIG-KÄSEGEBÄCK

Für 16 Stück:

450 g TK-Blätterteig
Mehl zum Ausrollen
150 g geriebener Emmentaler
1 Eigelb
Mohn zum Bestreuen
Sesam zum Bestreuen
grobes Salz zum Bestreuen
Kümmelkörner zum Bestreuen

1. Die Blätterteigplatten nebeneinander legen und nach Packungsanweisung auftauen lassen.
2. Die Teigplatten auf die leicht bemehlte Arbeitsfläche legen, jeweils mit etwas Käse bestreuen und zu Rechtecken von jeweils 24x15 cm ausrollen, längs in Streifen schneiden.
3. Aus den Teigstreifen kleine Brezeln formen, diese mit verquirltem Eigelb bestreichen und jeweils mit Mohn, Sesam, grobem Salz oder Kümmelkörnern bestreuen.
4. Die Brezeln im vorgeheizten Backofen bei 200°C (Gas Stufe 3/Umluft 180°C) auf der 2. Einschubleiste von unten ca. 15 Minuten backen.

Zubereitungszeit: ca. 25 Minuten
Pro Stück ca. 717 kJ/185 kcal,
5 g Eiweiß, 13 g Fett,
8 g Kohlenhydrate

Ein idealer Snack zum Wein oder einfach für Zwischendurch: Blätterteig-Käsegebäck.

Krapfen pikant: Mit Parmesan zubereitet und in Sesamsamen gewendet.

KÄSEKRAPFEN

Für 4 Portionen:

80 g Butter
1 Prise Salz
150 g Mehl
4 Eier
100 g geriebener Parmesan
1 gestr. Tl Backpulver
700 ml Öl zum Fritieren
2 El Sesamsamen

1. Die Butter mit dem Salz und 1/4 l Wasser in einem Topf zum Kochen bringen.

2. Das Mehl auf einmal dazugeben und bei mittlerer Hitze mit einem Kochlöffel so lange kräftig rühren, bis sich der Teig als Kloß vom Rand löst und sich am Topfboden ein weißer Belag gebildet hat.

3. Den Topf vom Herd nehmen, den Teig in eine Rührschüssel umfüllen und abkühlen lassen. Zunächst 1 Ei zusammen mit dem Käse mit den Knethaken des Handrührgeräts unter den Teig rühren. Dann nacheinander die restlichen Eier einzeln unterrühren. Zum Schluß das Backpulver unterrühren. Den Teig ca. 30 Minuten ruhen lassen.

4. Das Öl in einer Friteuse erhitzen. Von dem Teig mit 2 Teelöffeln Nocken abstechen und diese portionsweise in dem heißen Öl knusprig braun ausbacken.

5. Die Krapfen mit einer Schaumkelle herausnehmen, noch heiß in dem Sesamsamen wenden und auf Küchenpapier auskühlen lassen.

Zubereitungszeit (ohne Ruhezeit): ca. 45 Minuten
Pro Portion ca. 2522 kJ/600 kcal, 22 g Eiweiß, 41 g Fett, 26 g Kohlenhydrate

EBERBACHER KLOSTERBROT

Für 6 Portionen:
1/4 l Milch
80 g Butter
500 g Mehl
30 g Hefe
80 g Zucker
1 Prise Salz
1 Ei
300 g Pecorino
(italienischer Hartkäse)
100 g gekochter Schinken
1 Bund Koriandergrün
1 Lorbeerblatt

1. Die Milch leicht erwärmen. Die Butter in einem Topf schmelzen und wieder abkühlen lassen. Das Mehl in eine Schüssel sieben und in die Mitte eine Vertiefung drücken.

2. Die Hefe in die Mulde bröckeln und mit 1 Tl Zucker, der Milch und etwas Mehl zu einem Vorteig verrühren. Zugedeckt ca. 20 Minuten gehen lassen.

3. Zucker, Salz, Butter und das Ei dazugeben und alles mit den Knethaken des Handrührers zu einem glatten Teig verkneten. Diesen nochmals zugedeckt an einen warmem Ort 30-40 Minuten gehen lassen, bis sich das Teigvolumen verdoppelt hat.

4. Inzwischen den Käse und den Schinken in kleine Würfel schneiden. Das Koriandergrün waschen, trockenschütteln und fein hacken.

5. Die Zutaten unter den Teig kneten und diesen zu einem Brotlaib formen. Nochmals ca. 10 Minuten gehen lassen. Das Brot im vorgeheizten Backofen bei 200°C (Gas Stufe 3/Umluft 180°C) auf der 2. Einschubleiste von unten ca. 50 Minuten backen. Noch warm mit einem Lorbeerblatt garniert servieren.

Zubereitungszeit (ohne Aufgehzeit für den Teig): ca. 1 Stunde
Pro Portion ca. 2801 kJ/667 kcal, 29 g Eiweiß, 46 g Fett, 27 g Kohlenhydrate

Eberbacher Klosterbrot: Raffiniert verfeinert mit Pecorino und Schinken.

Champagnerkraut-Strudel: Ein pikanter Strudel mit Sauerkraut und Chester.

Den Blätterteig auf einem Küchentuch zu einem Rechteck von 40x45 cm ausrollen.

Die Sauerkraut-Käse-Mischung mit einem Löffel auf den Strudelteig geben.

Mit Hilfe des Küchentuches den Strudel von einem Ende zum anderen zusammenrollen.

Den Strudel an den Teigenden zusammendrücken und sie unter den Strudel schlagen.

CHAMPAGNER-KRAUT-STRUDEL

Für 4 Portionen:

300 g TK-Blätterteig
1 Zwiebel
200 g durchwachsener Speck
400 g Sauerkraut
1 Apfel
1/8 l Sekt
Salz
Pfeffer aus der Mühle
125 g Chester

1. Den Blätterteig nach Packungsanweisung auftauen lassen.
2. Die Zwiebel pellen und in Würfel schneiden. Den Speck ebenfalls in Würfel schneiden und in einem Topf auslassen.
3. Die Zwiebelwürfel dazugeben, glasig dünsten.

4. Das Sauerkraut gut abtropfen lassen und zu der Speck-Zwiebel-Mischung geben.
5. Den Apfel schälen, halbieren, entkernen und in Würfel schneiden. Zusammen mit dem Sekt zu dem Sauerkraut geben. Zugedeckt bei milder Hitze ca. 20 Minuten garen. Mit Salz und Pfeffer abschmecken und abkühlen lassen.
6. Den Käse in Würfel schneiden und dann unter das Champagnerkraut mischen.
7. Die Blätterteigplatten übereinanderlegen und wie beschrieben ausrollen. Die Füllung darauf verteilen, dabei rundherum einen ca. 3 cm breiten Rand frei lassen. Den Teig von der schmalen Seite her zu

einem Strudel aufrollen, die Teigenden wie beschrieben zusammendrücken.
8. Den Strudel mit der Nahtstelle nach unten auf ein mit kaltem Wasser abgespültes Backblech legen und im vorgeheizten Backofen bei 220°C (Gas Stufe 4/Umluft 200°C) auf der 2. Einschubleiste von unten ca. 10 Minuten backen. Die Hitze auf 175°C reduzieren und den Strudel weitere 25 Minuten backen.

Zubereitungszeit:
ca. 1 1/4 Stunden
Pro Portion ca. 2725 kJ/649 kcal,
22 g Eiweiß, 42 g Fett,
29 g Kohlenhydrate

Diese bunte Partypizza hat einen saftigen Quark-Öl-Teig als Grundlage, der schnell und einfach zubereitet werden kann.

Für 1 Backblech (ca. 12 Stück):

400 g Mehl
1 El Salz
2 Tl Backpulver
200 g Magerquark
8 El Milch
12 El Olivenöl
Fett und Mehl für das Blech
300 g Gemüsezwiebeln
Salz
Pfeffer aus der Mühle
1 Tl Oregano
200 g Ricotta
200 g TK-Erbsen
150 g Salami, in feine Scheiben geschnitten
1 rote Paprikaschote

1. Das Mehl in eine Schüssel sieben, mit dem Salz und Backpulver vermischen. Den Quark abtropfen lassen. Quark, Milch und 8 El Olivenöl dazugeben. Alle Zutaten mit dem Knethaken des Handrührgeräts zu einem glatten Teig verkneten. Den Teig auf einem gefetteten und bemehlten Backblech ausrollen.

2. Die Gemüsezwiebeln pellen und in Ringe schneiden. 2 El Öl in einer Pfanne erhitzen und die Zwiebeln darin glasig dünsten. Mit Salz, Pfeffer und Oregano würzen. Die Zwiebelringe abkühlen lassen und den Ricotta und die Erbsen untermischen.

3. Den Paprika putzen, waschen, halbieren, entkernen und in feine Streifen schneiden. Die Salamischeiben und Paprikastreifen auf den Teig verteilen. Die Gemüse-Käse-Mischung darüber geben. Die Pizza mit 2 El Öl beträufeln und im vorgeheizten Backofen bei 175°C (Gas Stufe 2/Umluft 150°C) auf der 2. Einschubleiste von unten ca. 25 Minuten backen. Heiß servieren.

Zubereitungszeit: ca. 40 Minuten
Pro Stück ca. 1123 kJ/265 kcal,
9 g Eiweiß, 14 g Fett,
20 g Kohlenhydrate

MARONEN-KÄSE-WÄHE

Für 12 Stück:

*100 g Weizenmehl
(Type 405)
100 g Buchweizenmehl
Salz
1 Tl Backpulver
100 g abgetropften Quark
4 El Milch
4 El Sonnenblumenöl
Butter für die Form
400 g Linsen zum Blind-
backen
1 Bund Frühlingszwiebeln
200 g Möhren
2 grüne Paprikaschoten
200 g Staudensellerie
300 g Tomaten
1 Bund Petersilie
200 g Maronenpüree
(Tiefkühlprodukt)
200 g Kräuterfrischkäse
3 El süße Sahne*

1. Das Weizenmehl und das Buchweizenmehl in eine Schüssel geben und mischen. Das Salz, Backpulver, Quark, Milch und Öl dazugeben. Mit dem Knethaken des Handrührers alles rasch verrühren. Wenn der Teig bröcklig wird, mit den Händen weiterkneten.

2. Eine Springform (28 cm Ø) mit Butter ausfetten. Den Teig ausrollen und in die Form geben. Den Rand 3-4 cm hochziehen. Den Boden mit Backpapier auslegen und die Linsen darauf verteilen. Im vorgeheizten backofen bei 175°C (Gas Stufe 2/Umluft 160°C) auf der 2. Einschubleiste von unten 10 Minuten vorbacken.

3. Die Frühllingszwiebeln putzen, waschen und in Ringe schneiden. Die Möhren putzen, schälen und in Scheiben schneiden. Den Paprika waschen, halbieren, putzen und in schmale Streifen schneiden. Sellerie putzen, waschen und in Stücke schneiden.

4. Das Gemüse in wenig kochendem Salzwasser ca. 10 Minuten blanchieren. Die Tomaten waschen, kreuzweise einritzen, kurz in siedenes Wasser tauchen, häuten, halbieren, entkernen und in Würfel schneiden.

5. Die Petersilie waschen, trockenschütteln und fein hacken. Die Form aus dem Ofen nehmen, die Linsen und das Backpapier entfernen. Den Teig mit Maronenpüree bestreichen. Das Gemüse darauf verteilen. Alles mit den Kräutern bestreuen.

6. Den Käse mit der Sahne verrühren. Mit Salz und Pfeffer abschmecken und auf die Wähe geben. Im vorgeheizten Backofen ca. 25 Minuten bei 225°C (Gas Stufe 4/Umluft 200°C) auf der 2. Einschubleiste von unten fertigbacken.

Zubereitungszeit: ca. 1 Stunde
Pro Stück ca. 1097 kJ/261 kcal,
8 g Eiweiß, 16 g Fett,
17 g Kohlenhydrate

Ein köstlicher Snack: Cräcker aus Mürbeteig mit einer aromatischen Ziegenfrischkäse-Oliven-Füllung.

HAUSGEMACHTE KÄSE-CRÄCKER

Für 25 Stück:

250 g Mehl
1 Ei
150 g kalte Butter
2 Tl feiner Zucker
Salz
30 g Sonnenblumenkerne
1 Fenchelknolle
Salz
1 Bund Schnittlauch
100 g schwarze Oliven
200 g Ziegenfrischkäse
30 ml Schlagsahne
Pfeffer aus der Mühle

1. Das Mehl mit dem Ei, Butter, Zucker und Salz verkneten. Die Sonnenblumenkerne grob hacken und in den Teig einarbeiten. Den Teig in Folie gewickelt ca. 1 Stunde kühl stellen.

2. Den Teig halbieren und jeweils zwischen zwei Lagen Folie ca. 1/2 cm dick ausrollen. Mit Ausstechförmchen 30 Kreise von 5 cm Ø und 30 Kreise von 6 cm Ø ausstechen.

3. Die Plätzchen auf ein mit Backpapier ausgelegtes Backblech legen und im vorgeheizten Backofen bei 175°C (Gas Stufe 2/Umluft 150°C) auf der 2. Einschubleiste von unten 10-15 Minuten backen.

4. Inzwischen die Fenchelknolle waschen, putzen, in Streifen schneiden und in leicht gesalzenem Wasser 4-5 Minuten kochen. Den Schnittlauch waschen, trockenschütteln und in Röllchen schneiden. Die Oliven in Scheiben schneiden.

5. Den Ziegenfrischkäse zerdrücken und mit der Sahne glattrühren.

6. Den Fenchel herausnehmen, in einem Sieb abtropfen lassen und in feine Würfel schneiden. Schnittlauch, Oliven und Fenchel unter den Frischkäse rühren. Mit Salz und Pfeffer abschmecken.

7. Die Plätzchen aus dem Backofen nehmen und auf einem Rost auskühlen lassen. Die größeren Plätzchen mit der Käsecreme bestreichen und die kleineren daraufsetzen.

8. Die Plätzchen auf einer Platte anrichten.

Zubereitungszeit (ohne Kühlzeit): ca. 30 Minuten
Pro Stück ca. 593 kJ/141 kcal, 3 g Eiweiß, 10 g Fett, 8 g Kohlenhydrate,

Das klassische Laugengebäck einmal anders zubereitet: mit einer Füllung aus Ziegengouda und Pecorino.

LAUGENBRÖTCHEN MIT KÄSEFÜLLUNG

Für 16 Stück:

500 g Mehl
1 Tl Zucker
42 g Hefe
1 Tl Salz
Mehl zum Bearbeiten des Teigs
150 g Ziegengouda
150 g Pecorino
100 g Crème fraîche
Pfeffer aus der Mühle
40 g Natron
Fett für die Form

1. Das Mehl in eine Schüssel sieben und in die Mitte eine Vertiefung drücken. Die Hefe hineinbröckeln und den Zucker darüberstreuen. 300 ml lauwarmes Wasser darübergießen und die Hefe darin auflösen. Das Salz über das Mehl streuen und alle Zutaten von der Mitte aus mit dem Knethaken des Handrührers zu einem glatten Teid verkneten.
2. Den Teig an einem warmen Ort zugedeckt gehen lassen, bis sich sein Volumen verdoppelt hat. Auf der bemehlten Arbeitsfäche gut durchkneten, bis der Teig elastisch ist und Blasen wirft. Weitere 20 Minuten gehen lassen.

3. Inzwischen den Ziegengouda und den Pecorino mit einer Reibe hobeln. Den Käse mit der Crème fraîche verrühren, mit Pfeffer abschmecken.
4. Das Natron in einem Topf in 1 1/2 l lauwarmen Wasser auflösen. Das Wasser zum Kochen bringen und ca. 10 Minuten kochen lassen. Den Teig auf der bemehlten Arbeitsfläche zu einem Quadrat von etwa 56x56 cm ausrollen und in 16 Quadrate von 14x14 cm schneiden.
5. Die Käsefüllung in die Mitte der Quadrate geben. Die Ecken zur Mitte einschlagen und fest zusammendrücken, so daß Teigpakete entstehen. Diese zu

Kugeln rollen. Teigkugeln ca. 1 Minute vorsichtig mit einem Schaumlöffel in die Lauge geben. Mit dem Löffel herausheben und auf einem Rost abtropfen lassen.
6. Eine Springform (26 cm Ø) ausfetten, die Teigkugeln hineinsetzen, leicht andrücken und nochmals gehen lassen.
7. Die gefüllten Laugenbrötchen im vorgeheizten Backofen bei 200°C (Gas Stufe 3/Umluft 180°C) auf der 2. Einschubleiste von unten ca. 30 Minuten backen. Warm servieren.

Zubereitungszeit: ca. 1 1/2 Stunden
Pro Stück ca. 797 kJ/189 kcal, 8 g Eiweiß, 7 g Fett, 20 g Kohlenhydrate

DESSERTS

Auf den folgenden Seiten
finden Sie traumhafte
Desserts, die eine weitere
Facette des vielseitigen
Produkts Käse zeigen.
Locker-sahnige Cremes und
üppige Torten führen nicht
nur Naschkatzen in
Versuchung!

OBSTSALAT MIT GORGONZOLA

Für 4 Portionen:

1 Apfel
1 Birne
2 Scheiben Ananas
aus der Dose
150 g Erdbeeren
150 g Himbeeren
200 g blaue Trauben
2 Pfirsiche
175 g Zucker
3 El Limonensaft
4 cl Maraschino
150 g festen Gorgonzola
Minze zum Garnieren

1. Den Apfel und die Birne waschen, vierteln, entkernen und in Würfel schneiden.
2. Die Ananasscheiben in Stücke schneiden, in einem Sieb abtropfen lassen.
3. Die Erdbeeren waschen, putzen und abtropfen lassen. Die Himbeeren putzen. Die Trauben waschen, abtropfen lassen, halbieren und entkernen.
4. Die Pfirsiche blanchieren, abschrecken, häuten, halbieren, entsteinen und in Würfel schneiden. Alle Obstsorten in einer Schüssel mischen.
5. Den Zucker in einem kleinen Topf bei mittlerer Hitze unter Rühren karamelisieren lassen. Mit 6 El Wasser ablöschen und unter Rühren aufkochen lassen. Den Sirup erkalten lassen und dann mit dem Limonensaft und dem Maraschino verrühren.
6. Den Gorgonzola in Würfel schneiden und mit dem Obst mischen. Die Sauce unterheben. Den Obstsalat mit Minze garniert servieren.

Zubereitungszeit: ca. 30 Minuten
Pro Portion ca. 1816 kJ/432 kcal,
8 g Eiweiß, 12 g Fett,
67 g Kohlenhydrate

Raffiniert: Obstsalat mit Limonen-Maraschino-Sauce und Gorgonzola.

FRISCHKÄSE AUF ERDNUSS-KROKANT

Für 4 Portionen:

1 Grapefruit
6 Mandarinen
4 cl Orangenlikör
100 g Zwieback
100 g frische Erdnußkerne
100 g brauner Zucker
100 g weiche Butter
200 g Hüttenkäse
3 El Crème double
1 Tl Zucker
1 Msp. gemahlene Nelken
1 Msp. Kardamom
Minze zum Garnieren

1. Die Grapefruit mit einem scharfem Messer so schälen, daß die weiße Haut entfernt wird. Die Filets zwischen den Trennhäuten herausschneiden. Die Mandarinen schälen, von den Spalten die Haut abziehen. Die Grapefruit- und Mandarinenfilets in 2 cl Orangenlikör ca. 20 Minuten marinieren.
2. Den Zwieback grob zerkleinern. Die Erdnüsse grob hacken. Zwieback, Erdnüsse, Zucker und Butter mischen. Die Masse etwa 2 cm dick in eine flache, feuerfeste Form streichen und im vorgeheizten Backofen bei 180°C (Gas Stufe 2/Umluft 160°C) auf der 2. Einschubleiste von unten ca. 10 Minuten backen.
3. Den Hüttenkäse mit dem restlichen Orangenlikör und der Crème double glattrühren. Mit Zucker, gemahlenen Nelken und Kardamom abschmecken.
4. Den Erdnuß-Krokant aus dem Backofen nehmen und auskühlen lassen. Die Käsecreme auf den Krokant streichen, mit den marinierten Früchten und Minze garniert servieren.

Zubereitungszeit (ohne Marinier- und Abkühlzeit): ca. 25 Minuten
Pro Portion ca. 2828 kJ/673 kcal, 17 g Eiweiß, 41 g Fett, 51 g Kohlenhydrate

Knuspriger Erdnußkrokant wird durch Frischkäse und marinierte Zitrusfrüchte ideal ergänzt.

Sahnige Mascarponecreme vereinigt sich mit Kaffeelikör und knusprigen Butterkeksen zu einer besonderen Dessertkomposition.

MASCARPONE-CREME "KARIBIK"

Für 4 Portionen:

3 Eigelb
3 El Zucker
4 El Tia Maria (Kaffee-Likör)
250 g Mascarpone
100 g Butterkekse
100 g Kaffeebohnen mit Schokoladenüberzug

1. Das Eigelb mit dem Handrührgerät zu einer dicken, hellen Creme schlagen, dabei den Zucker hineinrieseln lassen.
2. Wenn der Zucker vollständig aufgelöst ist, den Likör und der Frischkäse unterrühren.
3. Eine Schüssel mit der Hälfte der Butterkekse auslegen, die Hälfte der Creme darauf verteilen und mit den restlichen Butterkeksen belegen. Die restliche Creme darauf verteilen. Mit den Schoko-Kaffeebohnen dekorieren.
4. Die Mascarpone-Creme 1-2 Stunden durchziehen lassen (die Butterkekse sollen dabei knusprig bleiben).

Zubereitungszeit (ohne Kühlzeit): ca. 15 Minuten
Pro Portion ca. 1360 kJ/324 kcal, 12 g Eiweiß, 14 g Fett, 23 g Kohlenhydrate

Schnell zubereitet: Zartes Baisergebäck mit einer fruchtigen Beeren-Frischkäse-Füllung.

BAISER-TORTE MIT BEERENCREME

Für 16 Stücke:

100 g TK-Himbeeren
1 Packung TK-Beeren-
mischung (300 g)
75 g Puderzucker
200 g Frischkäse
2 Päckchen Vanillezucker
2 Baiserböden (22 cm Ø,
beim Bäcker vorbestellen)
4 Baiserringe (ca. 8 cm Ø,
beim Bäcker vorbestellen)

1. Die Himbeeren auftau-
en lassen, den Saft auffangen. Die Beerenmischung
ebenfalls auftauen lassen.
Die Früchte mit Puder-
zucker bestreuen und mit
einer Gabel zerdrücken.
2. Den Frischkäse mit 3 El
Himbeersaft und dem
Vanillezucker verrühren.
Die Frischkäsecreme unter
das Beerenpüree ziehen.
3. 2/3 der Creme auf einen Baiserboden strei-
chen. Den zweiten Boden

daraufsetzen. Die restliche
Creme auf die Mitte dieses
Bodens geben. Einen
Rand von ca. 3 cm lassen.
Die Torte ca. 4 Stunden
gefrieren lassen.
4. Die Torte vor dem Servieren mit den Baiserringen
verzieren und servieren.

Zubereitungszeit (ohne Gefrierzeit): ca. 20 Minuten
Pro Stück ca. 696 kJ/165 kcal,
3 g Eiweiß, 2 g Fett,
33 g Kohlenhydrate

183

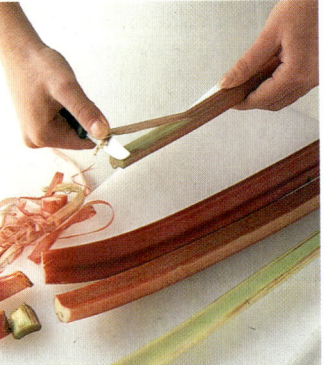

Die Rhabarberstangen abziehen, um so alle Fäden zu entfernen.

Den Rhabarber mit einem scharfen Messer in 1-2 cm kleine Stücke schneiden, damit sie gleichmäßig zu Mus zerfallen.

MASCARPONE-CREME MIT RHABARBER

Für 4 Portionen:

300 g Mascarpone
5 El Sherry
125 ml Schlagsahne
500 g Rhabarber
100 g Zucker
1/2 Tl Zimt
2 Nektarinen
Zitronenmelisse zum Garnieren

1. Den Mascarpone mit dem Sherry glattrühren. Die Sahne steif schlagen und unter die Mascarpone-Creme ziehen. Im Kühlschrank ca. 1 Stunde kühlen.

2. Den Rhabarber putzen, waschen, eventuell abziehen und in kleine Stücke schneiden. Die Rhabarberstücke in 100 ml Wasser zum Kochen bringen und ca. 5-10 Minuten kochen lassen. Das Kompott mit Zucker und Zimt abschmecken. Erkalten lassen.

3. Die Nektarinen kurz in siedenes Wasser geben, abschrecken und enthäuten. Die Früchte halbieren, entsteinen und in schmale Spalten schneiden.

4. Die Mascarpone-Creme in einen Spritzbeutel mit großer Sterntülle füllen und auf den Rand von 4 Desserttellern einen dekorativen Mascarpone-Ring spritzen. In die Mitte das Rhabarber-Kompott geben und die Nektarinenspalten darauf anrichten. Das Dessert mit Zitronenmelisse garniert servieren.

Zubereitungszeit (ohne Kühlzeit): ca. 1/2 Stunde
Pro Portion ca. 2128 kJ/506 kcal, 10 g Eiweiß, 31 g Fett, 35 g Kohlenhydrate

MASCARPONE-PISTAZIEN-HALBGEFRORENES

Für ca. 15 Stück:

20 Cocktailkirschen
250 g Mascarpone
2 cl Kirschsaft
1000 ml Pistazieneis
50 g Zitronat
50 g Orangeat
12 Butterkekse
100 g gehackte Pistazien

1. Die Cocktailkirschen in Scheiben schneiden.

2. Den Mascarpone mit dem Kirschsaft verrühren. Das Pistazieneis mit dem Schneebesen unter die Mascarpone-Creme rühren. Zitronat, Orangeat und Cocktailkirschen unterheben.

3. Den Boden einer Kastenform (25 cm) mit 1/4 der Eiscreme bestreichen. Mit 3 Butterkeksen belegen. Den Vorgang dreimal wiederholen. Die letzte Schicht bilden 3 Butterkekse.

4. Die Eiscreme ca. 4 Stunden im Tiefkühlgerät gefrieren lassen. 15 Minuten vor dem Servieren das Eis aus dem Gefrierfach nehmen, auf einer Platte stürzen und mit den gehackten Pistazien garniert servieren.

Zubereitungszeit (ohne Gefrierzeit): ca. 20 Minuten
Pro Stück ca. 692 kJ/164 kcal, 3 g Eiweiß, 14 g Fett, 26 g Kohlenhydrate

Ein außergewöhnliches Dessert: Mascarpone-Pistazien-Halbgefrorenes.

APFEL-RICOTTA-CREME

Für 4 Portionen:

1 kg säuerliche Äpfel
Saft von 1/2 Zitrone
250 g Zucker
6 El Calvados
200 g Ricotta
Zitronenmelisse zum Garnieren

1. Die Äpfel schälen, vierteln, entkernen und Spalten schneiden. 8 Apfelspalten mit etwas Zitronensaft beträufeln und zum Garnieren zurückbehalten. Die restlichen Äpfel mit dem Zucker und dem restlichen Zitronensaft in 100 ml Wasser in ca. 10 Minuten weich kochen.
2. Die Äpfel mit dem Schneebesen gründlich durchschlagen.
3. Den Topf vom Herd ziehen. Den Calvados und den Ricotta unterrühren und abkühlen lassen.
4. Die Apfel-Käse-Creme in Dessertschälchen anrichten, mit Apfelspalten und Zitronenmelisse garniert servieren.

Zubereitungszeit: ca. 30 Minuten
Pro Portion ca. 2104 kJ/501 kcal,
6 g Eiweiß, 7 g Fett,
90 g Kohlenhydrate

Ein locker–fruchtiges Dessert: Apfel-Ricotta-Creme mit Calvados.

Fruchtig–leicht und problemlos vorzubereiten: Trauben-Sahnequark-Terrine.

TRAUBEN-SAHNE-QUARK-TERRINE

Für 4 Portionen:

500 g grüne Weintrauben
1 El Sherry
4 El Puderzucker
6 Blatt weiße Gelatine
250 g Sahnequark
1 unbehandelte Zitrone

1. Die Weintrauben waschen, halbieren und entkernen. Sherry und Puderzucker in einem Topf verrühren. Die Weintrauben dazugeben und alles mit 150 ml Wasser zum Kochen bringen. Bei reduzierter Hitze ca. 5 Minuten köcheln lassen.
2. Die Gelatine in kaltem Wasser einweichen. Die Weintrauben in ein Sieb abgießen und den Sud auffangen. Die Weintrauben mit dem Passierstab des Handrührers pürieren und durch ein feines Sieb passieren. Den Sahnequark unterrühren.
3. Die Gelatine ausdrücken und unter den noch heißen Sud rühren. Diesen unter die Trauben-Quaark-Masse rühren. Eine kleine, rechteckige Form kalt ausspülen und das Ganze einfüllen. Im Kühlschrank in ca. 2 Stunden fest werden lassen.
4. Die Zitrone waschen und in dünne Scheiben schneiden. Die Terrine mit einem spitzen Messer vom Rand lösen. Die Form kurz in heißes Wasser tauchen, abtrocknen und die Terrine auf eine Platte stürzen.
5. Das Dessert in Scheiben schneiden, auf Tellern anrichten und mit den Zitronenscheiben garniert servieren.

Zubereitungszeit (ohne Kühlzeit):
ca. 25 Minuten
Pro Portion ca. 1107 kJ/263 kcal,
6 g Eiweiß, 6 g Fett,
38 g Kohlenhydrate

REZEPTVERZEICHNIS NACH KAPITELN

Suppen und Vorspeisen

Überbackene Zwiebelsuppe....... 28
Mozzarella mit Tomaten............. 29
Schweizer Kartoffelsuppe........... 30
Überbackene Grießtaler............. 31
Käsenocken 32
Frischkäse-Reistaler 33
Käse-Schmarrn........................... 34
Kalbfleischcremesuppe mit
Brunnenkresse............................ 35
Scharfe Linsensuppe 36
Spargelcremesuppe.................... 37
Überbackene Muscheln............. 38
Mangoldsuppe mit Schafskäse .. 39

Gemüsegerichte

Schmorgurken mit Gemüse-
Hackfleisch-Füllung 42
Gefüllte Auberginen 43
Überbackener Chicorée
im Schinkenmantel 44
Gefüllte Gemüsezwiebeln 45
Überbackene Tomaten
auf Bandnudeln............................ 46
Mangoldgrießklöße
mit Gorgonzolasauce.................. 47
Blumenkohltopf............................ 48
Bunte Gemüse-Lasagne............. 49
Spargelplatte mit
Käse-Pesto 50
Überbackener Brokkoli mit
Roquefortsahne 51
Spitzkohl mit Steinpilzen
und Pecorino............................... 52
Bunte Gemüsespieße
mit Käse 53
Fenchelknollen mit
fruchtiger Käsefüllung................ 54
Kohlrabi mit Käse-Hack-
fleisch-Füllung............................ 55
Paprikaschoten mit
pikanter Reisfüllung 56
Gemüse-Tacos mit
Käse-Kräuter-Creme.................. 57

Fleischgerichte

Hähnchenbrust mit
Käsehaube 60
Überbackene Kalbskoteletts....... 61
Schinkenbraten im
Kartoffel-Käse-Teig..................... 62
Lammkeule mit
Käse-Kräuter-Füllung.................. 63
Hähnchenkeulen mit
Käse-Schinken-Sauce 64
Kalbshaxe mit
Koriandergrün 65
Rinderrouladen mit
Tomatensauce 66
Hähnchenbrustfilet mit
Tomatensauce 67
Ententopf mit Gemüse
und Käse...................................... 68
Schweinekotelett "Piccata" 69
Amerikanische Beefsteaks.......... 70
Gefüllte Putenschnitzel 71
Lammtopf..................................... 72
Hähnchen mit Käse-Gemüse-
Füllung... 73
Gefüllte Blätterteigröllchen 74
Koteletts mit Frischkäse-
Füllung... 75
Hackfleischbällchen in
Tomatensauce 76
Rinderfilet mit
Wildkräutern................................ 77

Aufläufe und Gratins

Schwarzwurzel-
Kartoffel-Gratin 80
Rosenkohlauflauf mit
Wacholderbeeren........................ 81
Porree-Kartoffel-
Gratin 82
Pfannkuchenauflauf 83
Überbackene Kräuter-
Kartoffeln 84
Gratinierter Lengfisch 85
Brotauflauf mit Austern-
pilzen und Käse 86
Kräutereier mit Käse
und Pfifferlingen.......................... 87
Spinat auf Kartoffelscheiben....... 88
Moussaka..................................... 89
Kartoffelgratin mit Kräutern......... 90
Möhren-Linsen-Gratin
vom Blech 91

Nudel- und Reisgerichte
Cannelloni mit Wildkräuter-Käse-Füllung 94
Scampi-Reis mit Pecorino 95
Bulgurrisotto mit Leber 96
Tortellini mit Parmesan 97
Penne mit Auberginen und Tomatensauce 98
Bunte Nudeln mit Gorgonzola-Sauce 99
Hörnchen mit Käse-Fenchel-Sauce 100
Überbackene Reis-Spinat-Puffer 101
Nudeln auf Bauernart 102
Spinatlasagne 103
Reisklößchen mit Käse 104
Pikanter Gemüsereis mit Käse 105
Spinat-Risotto mit Krabben und Pecorino 106
Überbackener Gemüsereis 107

Salate
Käse-Ananas-Salat mit Trauben 110
Mozzarella-Zungen-Salat mit roter Bete 111
Mango-Kiwi-Salat 112
Gemüsesalat mit Thunfisch 113
Bunter Käseteller mit Birne und Avocado 114
Cäsar-Salat 115
Bulgarischer Bauernsalat 116
Nudelsalat 117
Bayrischer Partysalat 118
Mitternachts-Salat 119
Endivien-Käse-Salat mit Entenbrust 120
Schwarzwurzelsalat 121
Käse-Rosenkohl-Salat 122
Friséesalat mit Käse-Croûtons 123
Zwiebelsalat mit Roquefort 124
Pikanter Käse-Schinken-Salat 125

Toasts und Baguettes
Spargeltoast 128
Chester-Sandwich 129
Amsterdamer Käsetoast 130
Toast mit Rührei und Champignons 131
Knoblauch-Käse-Baguette 132
Baguettes mit Rührei und Bacon 133
Geröstetes Bauernbrot mit Tomaten und Pecorino 134
Sommer-Baguette 135

Kleine kalte Käsegerichte
Knackiges Gemüse mit Frischkäse-Creme 138
Sachsenhäuser Handkäs' mit Musik 139
Pfälzer "Dippekas" 140
Obatzta 141
Fränkische Käse-Vesper 142
Fleischplatte Turino 143
Eingelegter Pfefferkäse 144
Pikante Käsecreme 145
Geeiste Feta-Dickmilch auf Kalbfleisch 146
Hessischer Bauernschmaus 147
Gaperon auf marinierten Pilzen 148
Süss-saures Gemüse mit Schafskäse 149

Kleine warme Käsegerichte
Dinkel-Chili-Puffer 152
Fleischkuchen mit Mozzarella und Paprika 153
Crêpes mit Frischkäse-Füllung 154
Weinblätter mit Käse-Schmand-Füllung 155
Gebackener Camembert 156
Käse-Buletten 157
Pikante Käse-Paprika-Kugeln 158
Kartoffeln mit Grünkern-Käse-Kruste 159
Pikante Pfannkuchentorte 160
Rustikale Käse-Törtchen 161
Feine Soufflés mit Kräuterbutter 162
Knusprige Kartoffelnester mit Käsefüllung 163

Pikante Kuchen und Käsegebäck
Kartoffel-Käse-Kuchen 166
Türkische Fleischtaschen mit Ziegenfrischkäse 167
Gemüse-Tarte 168
Gemüse-Pie mit Mascarpone 169
Blätterteig-Käsegebäck 170
Käsekrapfen 171
Eberbacher Klosterbrot 172
Champagnerkraut-Strudel 173
Gemüse-Salami-Pizza mit Ricotta 174
Maronen-Käse-Wähe 175
Hausgemachte Käse-Cräcker 176
Laugenbrötchen mit Käsefüllung 177

Desserts
Obstsalat mit Gorgonzola 180
Frischkäse auf Erdnuß-Krokant 181
Mascarpone-Creme "Karibik" 182
Baiser-Torte mit Beerencreme 183
Mascarponecreme mit Rhabarber 184
Mascarpone Pistazien-Halbgefrorenes 185
Apfel-Ricotta-Creme 186
Trauben-Sahnequark-Terrine 187

REZEPTVERZEICHNIS

A

Apfel-Ricotta-Creme................... 186
Auberginen, gefüllt...................... 43

B

Baguettes mit Rührei
und Bacon................................... 133
Baisertorte mit Beerencreme...... 183
Bauernbrot mit Tomaten
und Pecorino, geröstetes............ 134
Bauernsalat, bulgarischer........... 116
Bauernschmaus, hessischer....... 147
Beefsteaks, amerikanische......... 70
Blätterteig-Käsegebäck.............. 170
Blätterteigröllchen,
gefüllte....................................... 74
Blumenkohltopf........................... 48
Brokkoli mit Roquefortsahne,
überbackener.............................. 51
Brotauflauf mit Austernpilzen
und Käse..................................... 86
Bulgurrisotto mit Leber............... 96

C

Camembert, gebackener............. 156
Cannelloni mit Wildkräuter-
Käse-Füllung.............................. 94
Cäsar-Salat................................ 115
Champagnerkraut-
Strudel....................................... 173
Chicorée im Schinkenmantel,
überbackener.............................. 44
Chester-Sandwich...................... 129
Crêpes mit Frischkäse-
Füllung....................................... 154

D

Dinkel-Chili-Puffer...................... 152
Dippekas, Pfälzer....................... 140

E

Endivien-Käse-Salat
mit Entenbrust............................ 120
Ententopf mit Gemüse
und Käse.................................... 68

F

Fenchelknollen mit
fruchtiger Käsefüllung................ 54
Feta-Dickmilch auf
Kalbfleisch, geeiste.................... 146
Fleischkuchen mit
Mozzarella und Paprika.............. 153
Fleischplatte "Turino"................. 143
Fleischtaschen mit
Ziegenfrischkäse, türkische........ 167
Frischkäse auf Erdnuß-
Krokant...................................... 181
Frischkäse-Reistaler.................. 33
Friséesalat mit
Käse-Croûtons........................... 123

G

Gaperon auf marinierten
Pilzen.. 148
Gemüse-Lasagne, bunte............ 49
Gemüse mit Frischkäse-
Creme, knackiges....................... 138
Gemüse mit Schafskäse,
süß-saures................................. 149
Gemüse-Pie mit
Mascarpone................................ 169
Gemüsereis, überbackener......... 107
Gemüsereis mit Käse,
pikanter...................................... 105
Gemüse-Salami-Pizza
mit Ricotta.................................. 174
Gemüsesalat mit
Thunfisch................................... 113
Gemüsespieße mit Käse,
bunte... 53
Gemüse-Tacos mit
Käse-Kräuter-Creme................... 57
Gemüse-Tarte............................. 168
Gemüsezwiebeln, gefüllte........... 45
Grießtaler, überbackene............. 31

H

Hackfleischbällchen
in Tomatensauce........................ 76
Handkäs' mit Musik,
Sachsenhäuser.......................... 139
Hähnchenbrustfilet
mit Tomatensauce...................... 67
Hähnchenbrust mit
Käsehaube................................. 60
Hähnchenkeulen mit
Käse-Schinken-Sauce................ 64
Hähnchen mit Käse-
Gemüse-Füllung......................... 73
Hörnchen mit Käse-
Fenchel-Sauce........................... 100

K

Kalbfleischcremesuppe
mit Brunnenkresse 35
Kalbshaxe mit
Koriandergrün 65
Kalbskoteletts, überbackene 61
Kartoffelgratin mit Kräutern......... 90
Kartoffelnester mit
Käsefüllung, knusprige 163
Kartoffeln mit Grünkern-
Käse-Kruste 159
Kartoffelsuppe, Schweizer 30
Kartoffel-Käse-Kuchen 166
Käse-Ananas-Salat
mit Trauben.............................. 110
Käse-Buletten 157
Käse-Cräcker, hausgemachte 176
Käsecreme, pikante 145
Käsekrapfen 171
Käsenocken 32
Käse-Paprika-Kugeln, pikante 158
Käse-Rosenkohl-Salat 122
Käse-Schinken-Salat, pikanter ... 125
Käse-Schmarrn 34
Käseteller mit Birne und
Avocado, bunter 114
Käsetoast, Amsterdamer 130
Käse-Törtchen, rustikale............ 161
Käse-Vesper, fränkische............ 142
Knoblauch-Käse-Baguette 132
Klosterbrot, Eberbacher............. 172
Kohlrabi mit Käse-Hack-
fleisch-Füllung.......................... 55
Koteletts mit Frischkäse-
Füllung 75
Kräutereier mit Käse
und Pfifferlingen........................ 87
Kräuter-Kartoffeln, überbackene 84

L

Lammkeule mit Käse-
Kräuter-Füllung 63
Lammtopf.................................. 72
Laugenbrötchen mit
Käsefüllung 177
Lengfisch, gratinierter 85
Linsensuppe, scharfe................. 36

M

Mangoldgrießklöße mit
Gorgonzolasauce....................... 47
Mangoldsuppe mit
Schafskäse 39
Mango-Kiwi-Salat 112
Maronen-Käse-Wähe.................. 175
Mascarpone-Creme "Karibik"..... 182
Mascarponecreme mit
Rhabarber 184
Mascarpone-Pistazien-
Halbgefrorenes 185
Mitternachts-Salat 119
Möhren-Linsen-Gratin
vom Blech 91
Moussaka.................................. 89
Mozzarella mit Tomate................ 29
Mozzarella-Zungen-Salat
mit roter Bete 111
Muscheln, überbackene 38

N

Nudeln auf Bauernart................. 102
Nudeln mit Gorgonzolasauce,
bunte 99
Nudelsalat 117

O

Obatzta 141
Obstsalat mit Gorgonzola........... 180

P

Paprikaschoten mit
pikanter Reisfüllung 56
Partysalat, bayrischer 118
Penne mit Auberginen
und Tomatensauce 98
Pfannkuchenauflauf 83
Pfannkuchentorte, pikante.......... 160
Pfefferkäse, eingelegter 144
Porree-Kartoffel-Gratin 82
Putenschnitzel, gefüllte.............. 71

R

Reisklößchen mit Käse 104
Reis-Spinat-Puffer,
überbackene............................. 101
Rinderfilet mit
Wildkräutern............................. 77
Rinderrouladen mit
Tomatensauce 66
Rosenkohlauflauf mit
Wacholderbeeren....................... 81

S

Scampi-Reis mit Pecorino 95
Schinkenbraten im
Kartoffel-Käse-Teig.................... 62
Schmorgurken mit
Gemüse-Hackfleisch-Füllung 42
Schwarzwurzel-Kartoffel-
Gratin 80
Schwarzwurzelsalat 121
Schweinekotelett "Piccata" 69
Sommer-Baguette 135
Soufflés mit Kräuterbutter,
feine 162
Spargelcremesuppe................... 37
Spargelplatte mit
Käse-Pesto 50
Spargeltoast............................. 128
Spinat auf Kartoffelscheiben....... 88
Spinatlasagne 103
Spinat-Risotto mit
Krabben und Pecorino................ 106
Spitzkohl mit Steinpilzen
und Pecorino............................. 52

T

Toast mit Rührei und
Champignons............................. 131
Tomaten auf Bandnudeln,
überbackene 46
Tortellini mit Parmesan 97
Trauben-Sahnequark-Terrine...... 187

W

Weinblätter mit Käse-
Schmand-Füllung....................... 155

Z

Zwiebelsalat mit Roquefort......... 124
Zwiebelsuppe, überbackene....... 28

Das neue Käsekochbuch
Sonderausgabe für die Reichenbach Verlag GmbH, München
Gesamtherstellung: Reichenbach Verlag GmbH, München
Alle Rechte vorbehalten
Inhalt und Ausstattung geschützt